新 零售时代个人创业指南

U0782857

火锅店经营
从入门到精通

程霄 著

开店筹备
运营培训
宣传策划 危机管理

人民邮电出版社

北京

图书在版编目（CIP）数据

火锅店经营从入门到精通 / 程霄著. -- 北京：人民邮电出版社，2020.5（2023.9重印）
（新零售时代个人创业指南）
ISBN 978-7-115-53536-8

Ⅰ. ①火… Ⅱ. ①程… Ⅲ. ①餐馆－商业经营 Ⅳ. ①F719.3

中国版本图书馆CIP数据核字（2020）第038061号

内 容 提 要

开火锅店，必须先了解整个餐饮业的发展状况。本书对整个餐饮业和火锅行业的变化做了详细的分析，并对开火锅店涉及的投资测评、选址策略、店面筹备、人员筹备、运营培训、宣传策划、运营管理、危机管理、外卖服务等方面进行了讲解，让火锅店的经营者更明确自己应该怎样做好前期的准备和规划、中期的运营及后期的管理。书中有分析，有策略，有解决方案。

本书内容层次清晰，实操性强，案例与图例配合，能够让火锅店经营者明确开店的整个流程以及各环节的具体操作，也能让已经开店的投资者明白自己的火锅店存在哪些问题，并找到解决方法。

◆ 著　　　　程　霄

责任编辑　刘　姿

责任印制　周昇亮

◆ 人民邮电出版社出版发行　　北京市丰台区成寿寺路 11 号

邮编　100164　电子邮件　315@ptpress.com.cn

网址　https://www.ptpress.com.cn

北京七彩京通数码快印有限公司印刷

◆ 开本：700×1000　1/16

印张：14.25　　　　　　　　2020 年 5 月第 1 版

字数：248 千字　　　　　　2023 年 9 月北京第 6 次印刷

定价：59.80 元

读者服务热线：（010）81055296　印装质量热线：（010）81055316
反盗版热线：（010）81055315
广告经营许可证：京东市监广登字20170147号

从开设第一家店，到目前在全国各地开设 500 多家店，我经历了火锅行业太多的变革。每当我面对刚开始创业的人时经常会想：为什么他们热衷于火锅店的创业？为什么很多人做得并不好，甚至屡战屡败？

在这里，我想以自己的亲身经历告诉每一位想开火锅店的创业者，虽然开火锅店是一项系统的工程，但是也没有想象中那么复杂，只要你了解整个流程，了解其运营法则，就能举一反三、一通百通。而且，开火锅店非常锻炼个人能力，如统筹能力、逻辑思维能力、产品运营能力、采购能力、管理能力、领导能力等。开火锅店牵扯到方方面面，但经营的效益并不是由某一环节决定的，而是整个流程的共同作用。

但是，很多人在开火锅店的过程中，很容易忽略那些自认为不重要、自认为已经掌握的东西。一家火锅店就像一条链子，每个环节就像一个链子扣，一个链子扣松开，整条链子就断了。我们要掌握的不光是每个链子扣，还有整条链子。这就是本书的意义所在。

本书能让你从头到尾，全面细致地了解开火锅店的整个过程，把控全部环节。从创业者前期的心理准备，到开店选址、初步规划，再到运营，本书进行了一系列环环相扣的讲解，当然也有很多实操的技巧以及案例可供你参考或直接运用。

希望本书让你掌握的不只是如何开一家火锅店的方法，而是通过这一家店了解到更多开店的思路及实操技能。

现如今餐饮业变化多端，火锅行业也在不断地变化，因此本书没有停留在目前开火锅店的状况，而是对未来火锅店的发展进行了更多思考。但万变不离其宗，我们需要掌握的是面对不同的消费者以及不断变化的市场，做好相应的策略，一切以服务至上为原则。

很多人都说海底捞火锅学不会。但真正学不会的不是薪酬制度，而是用人、管人。用人、管人的基础是对人的认知，所以本书也将探讨如何让服务员积极服务的问题。

开火锅店包括两层三角理论，即内层，包括产品、营销、管理；外层，包括模式、股权、资本。而对于一家火锅店来讲，内层更为重要。因此，本书将从产品的包装策划、菜品的设置、宣传营销和管理方式等方面详细进行讲解。

本书适合用来指导实际操作，进而引导开火锅店的创业者思考火锅店的内在运营规则。

| 目 录 |

第 1 章 了解餐饮业 / 001

1.1 餐饮业的走势规律简介 / 002

1.2 火锅行业的市场评估 / 004

第 2 章 开店自评：用什么开好店 / 006

2.1 个人目前资源分析 / 007

2.2 个人投资方向确定 / 008

2.3 合伙决策及注意事项 / 011

第 3 章 选址策略：如何找到更合适的地方 / 016

3.1 分析法：选址的"独孤九剑" / 017

3.2 跟随法：更省事的选址方法 / 025

3.3 依附法 / 029

3.4 选址的四大误区 / 030

3.5 怎样与房东谈房租和转让费 / 033

3.6 怎么鉴别转让的店面合不合适 / 036

3.7 选址途径：通过什么方式找店面 / 037

3.8 店面价值估算工具 / 041

3.9 什么情况下地段不重要 / 044

第 4 章 店面筹备：如何省钱、快速又独特 / 046

4.1 转让店面的前期筹备规划 / 047

4.2 空店面的前期筹备规划 / 047

4.3 整体规划布局步骤 / 048

4.4 装修设计风格 / 056

4.5 装修实施要点 / 062

4.6　装修省钱须知　/ 065

4.7　产品确定　/ 067

4.8　菜单设计　/ 072

4.9　如何打造爆款菜品　/ 079

4.10　店内前期采购　/ 083

第5章　人员筹备：如何招到合适的人　/ 089

5.1　不同模式的人员筹备要求　/ 090

5.2　人员筹备途径　/ 095

5.3　不同岗位的人员筹备要求　/ 099

5.4　制订考核标准　/ 104

5.5　人员面试策略　/ 109

5.6　人员入职培训　/ 113

5.7　人员管理　/ 115

第6章　运营培训：怎样让店面更有竞争力　/ 118

6.1　环节演练培训　/ 119

6.2　后厨操作技能培训　/ 121

6.3　前厅服务培训　/ 123

6.4　服务技能培训　/ 128

6.5　订餐服务培训　/ 136

6.6　新媒体营销培训　/ 139

第7章　宣传策划：如何让店面"一炮而红"　/ 143

7.1　宣传渠道选择　/ 144

7.2　宣传方式策划　/ 149

7.3　不同特性的广告策划　/ 158

7.4　开业前的宣传　/ 163

7.5　开业期间的宣传　/ 165

7.6　开业后的宣传　/ 171

第 8 章　店面运营：如何保持生意稳定　/ 176

8.1　如何控制成本　/ 177

8.2　如何提高翻台率　/ 181

8.3　如何优化产品　/ 184

8.4　如何做好顾客管理　/ 185

第 9 章　火锅店危机管理　/ 190

9.1　投诉处理　/ 191

9.2　顾客纠纷处理　/ 195

9.3　负面消息处理　/ 205

第 10 章　火锅外卖服务　/ 210

10.1　外卖的形式　/ 211

10.2　外卖的流程　/ 212

10.3　外卖的菜品设置　/ 214

10.4　外卖的包装策划　/ 216

结语　开好火锅店的"秘密"　/ 218

第 1 章

了解餐饮业

　　了解餐饮业的整体情况，对开火锅店有很大的参考价值；掌握行业目前存在的问题，让创业者能更好地解决和规避它们；思考行业的市场差异，让火锅店的运营方向定位更精准；把握行业消费趋势的变化，让店面规划更有方向；了解消费者的需求痛点，让产品和店面运营更有特色；把控整体餐饮情况，让开店布局更有前瞻性。

01

1.1 餐饮业的走势规律简介

近年来，餐饮业发展的格局和模式都发生了很大的变化。尤其是互联网的融入，给餐饮业带来了很多新的思维模式，造就了一批成功运营的餐饮店，也随之改变了人们的消费理念和习惯，使餐饮变得更加便捷化、个性化，也使行业细分更加明确。整个餐饮业表现出以下几个方面的趋势。

1.1.1 规模上越来越"小而美"

传统餐饮店规模大，一直以"大"来体现品牌吸引力。自从搭上了互联网这辆"快速列车"，新型餐饮规模却越来越小。第一个原因是庞大的店面就像笨重的大象，在新局势来临时"转身"困难，不能适应快速的市场变化节奏，很难有快速的转变，因此"量体瘦身"是现在很多传统大型餐饮店的做法；第二个原因是顾客消费思维和习惯发生转变，轻便型餐饮更受大家欢迎，选择去规模庞大的餐厅就餐的消费者越来越少；第三个原因是顾客需求变得更多样化、更有针对性、更个性化，细分品类越来越受欢迎，顾客想吃什么就去吃什么，而不是餐饮店提供什么顾客就吃什么，做目标人群的针对性生意成功率更高。

Tips（小提示）：根据受众定位，细分型餐饮更受欢迎。因此简便化、自由化、简约化成了主流，也只有"小而美"的餐饮，才能做得更细分、更直接。

1.1.2 投资上越来越"小而美"

由于顾客消费需求不再是大，而是精，要求品类专一、具有特色，所以很多餐饮投资者更趋向于"小而美"，专注某一个品类即可开店。就像火锅行业从大火锅逐步发展成小火锅，而小火锅又开发出多元化的发展模式，都是在根据顾客的需求不断地调整。投资上不要过分地强调"大"，小而多元化的"蜂巢模式"才是未来餐饮业发展的重点。开很多家小的店，而不是开一家过于大的店，这样资金和风险相对分散，而且投资上也容易"转身"。

1.1.3　策划上越来越"网络化"

互联网的宣传模式带动了一大批新餐饮店的崛起。例如，以信息化手段传播一个好故事，一个社交平台就可以帮你完成，因此越来越多的餐饮店更注重利用互联网策划进行传播。这种裂变式的传播给很多餐饮人打了一剂"强心针"，让他们尝到了"一夜成名"的滋味。这是现在餐饮业最显著的特点之一。

当然，只注重互联网策划体现出来的缺点也同样明显。其一，店面的宣传很多仅仅停留在互联网"概念化"的宣传上，因此，我们看到很多"网红店"，网上说的是一个模样，实体展示的店面是另一个模样，很多店没有落实其概念。其二，产品的宣传偏重于"虚"，而不注重保障产品品质，他们忽略了店内及产品的品质与互联网策划的强效结合作用，以致品牌生命力变弱，这也正是我们现在做餐饮需要反思的地方。

正确地理解互联网对餐饮消费的实质意义是非常重要的。餐饮的消费过程是一个集刚性需求、服务、社交为一体的体验过程，因此互联网的作用应该是考虑怎么让顾客吃得更好，怎么将服务做得更好，怎样开展有利于顾客的社交活动。比如，利用网络下单、顾客信息管理、顾客服务自动化，再加上概念包装的宣传、互联网的宣传来达到传播作用。

1.1.4　发展上越来越"标签化"

餐饮业发展到现在越来越体现出个性化的标签属性。"标签化"能让餐厅更有辨识度，有辨识度才有差异化，有差异化才有竞争力。"标签化"还能加深顾客记忆。现在品牌众多，可选项很多，给自己的餐厅贴上一个不同的标签，更能让消费者记得住，像海底捞火锅的"视顾客为亲人式服务"，像西贝莜面村的"闭着眼睛点，道道都好吃"，就是一种服务的"标签化"和产品的"标签化"。

"标签化"就像现在比较流行的"人设"说法，通过人为的塑造，让大家对这个"人"形成某种特定的印象。小米给大家的印象一般是性价比，华为给大家的印象一般是硬件质量过硬。

当然，"标签化"需要建立在创新模式上。餐厅有独具特色的地方，才能形成一个"标签"。

餐厅的"标签化"是宣传和长远发展的有效策略。

Tips：餐厅的"标签化"需要通过"消费舆论场"的构建来塑造，即通过一个或者几个独有的特点，让消费者形成舆论，形成传播，进而变成餐厅特有的"标签"。

1.1.5 管理上越来越"功能化"

以前餐饮业很注重人员及规章制度管理，现在则更注重"功能化"管理。餐厅"功能化"是目前及将来都比较重要的衡量标准。砍掉多余的功能，不仅能够节约成本，也能让餐厅运转得更迅速灵活。老的管理模式下人员庞杂、效率低、环节多、浪费严重；"功能化"之后，实行扁平化运作，可减少层级、提升效率、节约成本。

"功能化"，一是以功能来衡量某个环节和人员存在的必要性；二是内部资源整合，让很多没必要单独设立的部门和人员组合在一起，承担更多的功能；三是减少人工操作环节，用机器替代人工。

"功能化"之后，餐饮业整体体量会缩小，精简后更专注，会做得更好。

现在的餐饮店不必求大而广，去服务所有的顾客，只需要满足目标顾客群体的需求即可。人群细分、市场细分、产品细分、服务细分，更注重个性化消费，更注重性价比提升，这是"功能化"管理需要考虑的。

1.2 火锅行业的市场评估

火锅是中国美食的一种标志，是中国美食的代表之一，多年来火锅行业呈现如下发展趋势：就餐方式上，从单一大火锅到"九宫格"，再从"九宫格"到小火锅；模式上，从桌椅板凳到吧台模式，再从吧台模式到旋转模式；产品上，从单一的麻辣口味到各种口味的创新融入。总体而言，火锅行业越来越具有独特性和灵活的市场适应性。这也是火锅在餐饮业拥有强大竞争力的原因。

从投资者角度来讲，开火锅店更容易上手，而且厨房操作更简单，很少依赖于人工。目前，火锅最核心的底料部分已经被逐步分离出来，成为单独运营的部分，加上食材的加工需求低，可进行成品化采购，摆脱了其他类型餐饮店受制于厨师的窘境。这也是火锅店受投资者欢迎的原因之一。

从消费者角度来讲，多年来他们对于火锅的消费热情丝毫不减，而且持续增加。据《2018—2019 中国火锅行业发展白皮书》调查统计，2018 年全国火锅行业同比增长 10.4%，自 2014 年起，火锅连续 4 年收入增长超过 10%，预计 2020 年火锅总收入将超过万亿元，成为毫无争议的"吸金王"，是整个餐饮业里唯一占比达两成以上的行业。因此，无论从发展趋势、受欢迎程度还是市场情况来讲，火锅行业都有很强的市场竞争力。

　　从火锅本身的属性来讲，它更有包容性，满足了餐饮业比较全面的特性：刚需、服务、体验、社交。这种单人消费是刚需、多人消费是社交的模式，更适合目前餐饮业的发展。尤其是现在的小火锅，已经得到市场的广泛认可，一个人吃、一群人吃，两不耽误，而且从口感个性化、体验个性化、健康个性化这3个角度考虑，火锅都满足了目前顾客最关注的需求点。

　　从市场特点来讲，火锅没有地域限制，在国内甚至国外都大受欢迎，它不像一些地域菜系受到地域限制，拓展困难。这要归功于火锅这个品类的就餐简便性、口味的广泛适应性，既能满足西方人追求的简约，也能满足东方人热情待客的需求。

Tips：目前，火锅行业的发展也步入了多样化发展阶段，根据不同群体的不同消费需求衍生出了很多不同类别的火锅，这些火锅无论在产品口味、吃法，还是就餐环境上都各有不同。所以开设火锅店一定要了解本地市场和本地顾客的需求，找到合适的火锅店经营模式。

第 2 章

开店自评：用什么开好店

开店前一定要先自我审视，评估自己具备哪些开店的资源和能力。开一个火锅店很容易，但开好一个火锅店并不容易。这里面有很多决定性因素与个人的能力息息相关，如资源利用能力、分配能力、判断力等；也与个人的坚持、耐心和胆识密不可分，这是一个人商业能力的综合体现。而开火锅店的过程也正是挖掘和验证这些能力和品质的过程。提前评估个人能力则能多一分胜算。

02

2.1 个人目前资源分析

从分析个人目前拥有的资源开始，做好可利用资源的归纳、分类、总结。这有助于我们梳理出已拥有的优质资源，并以此作为开店的基石。个人资源分为外在资源和内在资源。

2.1.1 外在资源

外在资源指能帮助自己开店的所有外部资源，主要有资金资源，即是否有人提供更多的投资资金；选址资源，即是否有良好的选址条件，例如熟人优势、就近选址优势、选址渠道优势；人际关系资源，即可用于筹备店面、运营店面的人才或者顾客资源；店面筹备资源，即是否有筹备设备的渠道和装修的人员；产品资源，即是否掌握良好的食材供应渠道、调料供应渠道；宣传资源，即是否有宣传的渠道和人员；其他资源，即是否有帮助开店过程中每一个环节顺利进行的各种资源，例如，要找一个好的店面，有能帮助分析市场的朋友，这也是一种资源。把自己能想到的资源全部归纳出来，逐一进行排查，筛选并做好备注，包括何时能用，联系人、联系方式等，做好资源笔记。

2.1.2 内在资源

内在资源就是个人的能力资源，即自己具备什么样的创业能力，主要有人际关系能力，即擅长沟通交流，有助于外部事项的顺利办理，有助于提升服务品质；筹划能力，即擅长前期准备事项的实施；策划宣传能力，即擅长品牌的策划及宣传渠道的开拓；设计能力，即擅长店面的设计布局；市场分析能力，即擅长市场分析和策略的制订；技术能力，即有很强的后厨操作功底；运营能力，即有运营管理的经验基础；账目优势，即出色的账目管理能力；其他能力，即其他所有有助于开店的个人能力。

将内在资源全部归纳出来，结合外部资源，做一个行动规划图，为计划实施迈出第一步。内在资源归纳的难点在于大部分的开店者并不清楚自己拥有的能力，很多人甚至认为自己不具备任何能力。这其实是没有真正地了解自己。每一个人都有各自的优势，有些人聪明、思维灵活，有些人踏实肯干，有些人善于分析，有些人善于行动，这都是个人所拥有的能力。

归纳出来的这些资源，即使当时用不上，等到遇见问题时，也可能成为解决问题的方法。

Tips：分析个人的能力资源不仅是为店面筹备打基础、正视自己、为以后开好店面发挥出自己的优势，同时也是为自己开店增强信心的过程。当然，在归纳个人能力时也会发现自己的缺点在哪里，从而找到更好的弥补方式。

2.2 个人投资方向确定

投资方向确定包括投资资金确定、店面面积确定、店面定位确定、店面格调确定。从以上4个方面确定总体投资方向，进一步明确开店目标，筹备时就更有针对性。

2.2.1 投资资金确定

首先必须清楚自己准备的资金数量，投资多少决定了店面的位置和大小，以及前期筹备的环节质量。资金数量不同，所投资的店面档次也有所不同。按照投资资金去选址、装修和筹备，更有计划性，也能够减少时间、环节、设施等方面的浪费。

1. 个人初次投资

建议从小店面做起，将投资控制在自己的能力范围内。一般较大的火锅店投资额在 200 万元 ~ 500 万元，个人投资可以在 15 万元 ~ 50 万元选择。这样投资风险相对较低，个人的资金压力也相对较小。

2. 合伙人投资

根据合伙人能承担的费用来确定，一般合伙人共投资 50 万元左右的店面比较适当。

3. 拉投资人

项目启动，可以寻找、吸收投资资金，有时甚至可以完全依靠他人投资。在划分好股权的基础上，以投资人的资金为本金确定投资金额。想获得他人投资，需要做好项目可行性报告，从项目前景、规划、发展、预期、收益 5 个维度进行分析，以获得投资者认可，其中预期、收益最重要。

举例 假设年收入500万元，那么每月收入要达到约42万元，每天收入需要达到1.4万元，按照客单价50元计算，每天就需要280人就餐，这就要求店址地段要好一些、店面要大一些。假设店面在200平方米左右，有100个座位，每天翻台两次以上就可以实现目标。200平方米的店面，假设房租2万元/月、装修15万元、设备15万元、食材5万元、人员工资8万元/月，则第一年全年预算为67万元，那么预计投入80万元。

这样的倒推模式既能让你清楚自己需要多少投资，也能获得投资人的认可，因为对于投资者来说，数据更有说服力。

2.2.2 店面面积确定

投资资金确定后就需要确定店面面积，不同的店面面积占用的资金是不同的，而且后期的筹备定位也有所不同。确定店面面积需建立在地段基础上，当然也要综合其他因素，进行多方面的权衡。一般是以资金为核心，以地段为重点，将其他因素如店面的形状、内部构造等作为参考。

举例 小王想开个小火锅店，手里有15万元，他看了3个地方，第一个是热闹繁华的大街，第二个是写字楼居多的地方，第三个是住宅楼。

1. 繁华大街。优势是人流量大，但房租较高，需要1万元/月。经过分析，这里的人流量较大，适合开设饮品、快餐店，但店面面积小，房租一年一交，小王的资金也不充足。

2. 写字楼。优势是上班人群较多、房租不贵（8 000元/月），还可以押一付三，没有竞争对手。中午吃饭的人较多，而晚上才是火锅消费高峰，但这时上班人群都回家了。

3. 居民区。优势是住户多，晚上吃饭的人较多，但有两家竞争对手，通过同品类对比，两家店的生意也都不错，说明该地段的消费者有一定的消费能力，房租6 000元/月，一年一交。

综合考量下来，居民区是优选，因为前两个地段的人群不是小王的精准目标人群，且第二个地段虽然资金压力较小，但对于火锅店来说地段不太理想。

店面面积确定参考因素排序见图2-1。

投资金额→店面租金→店面位置→消费人群→店面规格→店面面积

图2-1 店面面积确定参考因素排序图

Tips：建议结合地段来选择店面面积，以优质地段为核心掌握店面面积，不能因为店面大而选择地段不佳的店面，也不能为了节省费用而选择面积太小、无法经营的店面。

2.2.3 店面定位确定

店面定位是针对顾客与产品进行契合度分析，优化产品特色，确定受众人群，制订好符合他们消费心理的策略，以做到精准的店面定位。参考因素包括所面临的消费市场的档次、模式、需求点、消费价位、消费者关注点、最终策略等。

1. 档次

调查开店区域顾客对装修环境、服务体验的需求，以及他们的消费能力。

2. 模式

调查开店区域的顾客习惯于接受哪种用餐模式：是大火锅还是小火锅，还是两者结合；是单点还是自助；是用桌椅板凳还是旋转式或者吧台式就座。

3. 需求点

调查开店区域的顾客对餐饮的需求，如他们需要什么样的消费质量，目前的市场是否满足他们的需求点。

4. 消费价位

调查开店区域的顾客能接受的消费价位是多少，他们平均的消费底线在哪里，或者消费的强度需求在哪里。

5. 消费者关注点

调查开店区域的顾客对价位、口味、服务、环境、品牌的关注点，从重点到次要排列顺序，根据这个顺序来做定向工作。

6. 最终策略

经过以上分析，具体策略需要确定：突出多样化还是突出某种品类；突出口味还是突出休闲特质；突出传统的氛围还是突出快时尚的感觉；价格定位、菜品定位等。这样的店面定位更精准，准确的定位初步确保了开店的方向。

2.2.4 店面格调确定

店面定位确定后就可以确定店面格调。店面档次包括低端、中端、高端3个档次，档次不同，店面风格也有所不同。根据档次确定格调和装修风格。店面的风格一方面要体现环境的档次和格调，另一方面要体现形象标识的统一性。这如同一个人穿衣服，不同场合搭配不同的衣服，体现出的个人精神面貌也不同。格调是店面的标识性特色，消费者往往会因为一家店格调的特别而喜欢上这家店。

举例 1 老赵选择了一个居民区，面积为 100 平方米，人均消费能力为每餐 35 元左右，属于低端消费。那么他的店面格调可以偏向生活化、简约化，甚至朴素化。经过分析，此居民区住户大多数是普通年轻人，那么可以选择简约化、略带时尚的店面格调，进行轻装。

举例 2 小郭选择了一个老街道，面积为 60 平方米，人均消费为 20 元左右，属于更低端的消费，消费人群以 30 岁以上的人居多，那么他的店面格调可以是朴素化的，色调宜亲民简朴。

举例 3 大刘选择了一条时尚步行街，面积为 120 平方米，人均消费为 50 元左右，属于中端消费，年轻人较多，那么他的店面格调可以选择快时尚格调，装修以时尚元素为主，灰黑色风格，可以安装墙壁射灯、钢架隔断等。

举例 4 老孟选择了一个商场，面积为 200 平方米，人均消费为 150 元左右，属于高端消费，其中高收入人群比较多，比较注重生活品质，那么他的店面装修风格可以特别厚重，以咖啡色为主色，以中式风格为核心，将店面打造成舒适的休闲格调；窗户、灯光、地面都要用心体现生活品质。

以上 4 个例子说明了确定店面格调需要考虑的因素。

店面格调确定步骤见图 2-2。

店面位置→消费人群→消费能力→装修档次→店面格调

图 2-2　店面格调的确定步骤

2.3　合伙决策及注意事项

合伙是一把"双刃剑"，其优势是风险分担，劣势是合伙人产生分歧时可能会对店面带来致命危机，因此在个人有能力开店时不建议合伙。合伙需要考虑清楚合伙制度，包括资金制度、人事制度、工作制度、利益分配制度、危机制度、退出制度、解散制度等。可根据自己的投资状况来决定是否合伙，当然，是否合伙不光取决于这一点。

2.3.1　什么情况下需要合伙

合伙是创业者对现有条件审视之后，做出的最有利于自己经营的一种决定，大部分投资者都是因为个人条件缺乏，不得不进行合伙。选择合伙开店的主要原因具体如下。

1. 资金缺乏

合伙能弥补资金短缺带来的各种问题，如筹备时间延长或店面质量出现问题等。当个人无法解决时，选择合伙是一个有效的方式。因为除了资金的投入，合伙人还可以分担其他的工作量，带来很多隐性的资源。

2. 能力缺乏

很多创业者选择合伙的原因是自己没有做过这个行业，担心个人能力无法支撑，出现问题时无法解决，认为与了解行业的人合伙更靠谱。创业者性格不同，解决问题的能力有差异，这就需要合伙人取长补短，搭配互补。例如自己熟悉技术，可以找懂运营的合伙人，技术互补、能力互补、性格互补、思想互补。"三个臭皮匠赛过诸葛亮"就是这个意思。

3. 风险意识

合伙人可以共同承担风险，共同助力解决店面出现的问题，相对于一个人，合伙的压力相对小一些。这也是很多人寻找合伙人的最主要原因。担心、害怕、忧虑、胆识不足、过于悲观、不自信，这些都是创业者创业时所要面对、克服的问题。也有一部分人，既不愿意找合伙人又想降低风险，那可以选择加盟品牌良好的火锅店。

Tips：每个人承担风险的能力不同，大多数人风险意识很强但自己没有足够的能力承担风险，对这部分人来说，找个合伙人分担风险是一种不错的方法。

4. 资源利用

有一部分人与他人合伙是资源优势所驱，比如三五个朋友都对这个项目感兴趣，而且各有所长、各有资源，大家组合在一起恰到好处。比如甲有店源，乙有人际资源，丙有设备，丁有经验，他们的资源相互利用组合，开店就更为顺利。这种合伙关系在现实生活中比较常见。

2.3.2 合伙的注意事项

首先，确定合伙人模式。合伙人一般分为两种，一种是投资关系，另一种是熟人关系。第二种更为常见，但合伙后的问题也更多，很多人会将个人关系和商业关系混为一谈，因此，合伙开店需要做好规划，提前"约法三章"，不掺杂任何私人关系。

其次，确定合伙模式，然后根据合伙流程制订各类制度，如人事制度、工作制度、利益分配制度、危机制度、退出制度、解散制度、开店问题解决协议等，把合伙人之间有可能出现的所有问题都列出来，避免出现依靠思想、懒惰思想，以及相互推诿、各怀心思的情况。

合伙创业开店就像夫妻过日子，难免会有各种矛盾，提前将这些制度和分配方式规整好，能让合伙生意更健康地发展。

1. 确定合伙模式

- 出资比例合伙模式，决定分红比例。双方或者几方都拿出一定资金来开店，按照出资比例来确定份额或者分红比例，可只出资不任职，也可既出资又任职。

- 出资比例合伙模式，决定职位职责。根据出资比例分配各自的职位、职责，出资多的担当的职级就高，依次排列，职位不同职责也不同。这种模式是最常见的，也最容易操作，出资越多话语权越大，造成的分歧越小，可以更好地解决问题。在合伙协议里，话语权即投票表决权，建议参考股权协议设计。

- 能力类合伙模式，决定人事权力。忽略出资比例，根据个人能力分配职务。比如甲擅长管理运营就做"一把手"，乙擅长采购就做采购员，丙擅长后厨就做厨师管理，丁擅长宣传就做宣传策划等。这样的分配方式更加人尽其用，有利于店面运营，但容易与第一种模式混为一谈，所以一开始就要制订好规则。

- 技术合伙模式，决定人事权力关系。甲出资，乙出技术，属于混合型合伙，甲可以作为"一把手"，如果倡导者是乙，乙也可以作为"一把手"。分红也是协商决定，乙作为技术拥有者，可以根据实际情况决定分给甲多少份额；甲作为出资者，可以根据乙的技术含量来给份额。按技术和资金的重要性来制订分配标准。如果技术方带着配方，占比就比较多；

如果只是调料厨师，占比就比较少。

开店前期做好利益分配和职权分配可以尽量避免日后产生分歧。一个店总要有一个"一把手"，不可各自为政。

Tips：合伙模式越简单越好，不宜太复杂。确定出资、技术、分红、职权等方面的规章，严格做好无异议分配。

2. 合伙前

确立执行人事制度、工作制度、利益分配制度。确定出资份额，确定职务职权，建立人员规划及发展规划。简单通俗地说就是弄清楚你要出多少钱，你担任什么职务，你干什么事，你的分红比例是多少。

3. 合伙中

进一步补充健全制度，确立执行危机制度、问题解决协议，主要解决经营理念分歧、分红异议、营业状况争议、财务问题、职权混乱问题、店面形象危机、内部冲突等问题。一切按照规章制度进行，先按规定处理，再协商，协商不成启动退出程序。简单通俗地说就是出现问题时找相应负责人，对问题处理结果不满意的可以退出，相应负责人不称职可以罢免。店面经营中的大多数问题出现在营业状况不好的时候，合伙人往往会相互推诿指责，这些无法用制度解决的问题只能用人情、人性去解决，是齐心协力还是解散，这都是对合伙人的考验。

财务问题很重要，账目透明与规整很重要。越权、假公济私都是不正当行为，需要杜绝。

4. 合伙后

确立执行退出制度、解散制度、品牌维护制度，明确解散、退出、罢免之后的问题处理方法，切勿出现"藕断丝连"的情况。明确品牌维护制度，即不继续合作也不能利用任何手段损害店面品牌形象，严格按照退出及解散制度执行后续工作：钱、权、责任、物资、合同等该处理的要坚决处理。全部内容需要"落到纸上"（以书面形式呈现），签字盖章，从保障店面的正常运转。

2.3.3 什么情况下不需要合伙

合伙是各种资源的互补，不合伙可以减少内耗。因此，根据创业者自己的需要，在自己能力范围内有办法解决的就可以不合伙，毕竟合伙是一个利润分散、权力分散、内部关系复杂化的事情。以下几种情况不建议合伙。

1. 小店面投资

店面小、投资小，再加入合伙人会增加内部的人事成本，分散个体利润。人事成本运用不当会造成内部资源浪费和效率低下，小店面一个人管理运营，也容易胜任。小店面开业初期，要像一个狙击手，单枪匹马，不要有太多的干扰才能枪枪命中。把有效的时间、精力用于招揽顾客和店面运营，立足后再考虑寻找合伙人也不迟。

2. 需要环节简单

店面如果实行扁平化运作，减少合伙人及其权利是首先要考虑的问题。开店前期厘清流程，砍掉多余环节，集中精力提高效率。小火锅店的优势就在于操作简单，所需人员少，尤其自助火锅所需人员更少，所以本着节省费用、提高利润、降低成本、提高效率的原则，个人投资最好。

3. 资金资源都不缺

一人投资、权力集中、利润独享，无须他人投资参与，除非发展连锁品牌。

4. 有承担风险的能力

有经验、有胆识、有信心、能承担风险，就没必要合伙。承担风险的能力是个人创业的标尺。

Tips：如果你对自己、对市场有足够的自信心和把握，就不需要合伙。创业具有风险意识是应当的，但不能过度地让自己在风险意识里忧虑甚至不安。

个人认为创业是一种修行，是对自我的完善，是不断探索学习的过程。很多事情开始于目标，成功于行动，而收获于过程。在开店的过程中，除了经验之外，你能获得更多商业资源，比如运营资源、人际关系资源等；提高个人能力，如经营能力、管理能力、各个环节的掌控能力、风险承担能力、判断力、预测能力、分析能力等。真正的生意经都是经过锤炼得来的。

第 3 章

选址策略：如何找到
更合适的地方

　　选址是开火锅店比较重要的一个环节。根据以往的开店经验，开店者必须做好选址工作。因此，我们需要更加精准地把控，避免出现开局难做的局面。选址也是一项综合分析工作，很多人分析不透彻，停留在"人流量大就是好的"这种浅层次分析上。不同的投资者对"好"的定义有不同的判断。事实上，我们要找的店面不是最好的，而是最适合我们的，用合适的方法去分析，得到的结果才精准。

3.1 分析法：选址的"独孤九剑"

选址的"独孤九剑"，即笔者归纳总结的寻找合适店面的 9 个方法。

3.1.1 看交通

交通便利的定义：交通便利的位置不仅指车来车往的通畅大道，也包含步行或者其他交通工具能够便利到达的位置。

为什么交通是首要因素？因为交通是便利性的重要因素，交通便利的店是消费者的首选，懒人经济已成为核心经济。

看交通应先在周围走一走，考察通往目标火锅店的道路，观察人群动向。多关注具体地方，少分析大区域，大区域再热闹，也有偏僻的地方，同一条街上也千差万别。

3.1.2 看人流

人流量定义：消费流量，而非路过的人流量，是指在确定的时间段内反复不断的消费流量的总和。

观察人流量，需要 3 个条件。

1. 持续不断地观察

时间越长，数据越精准。看好一个地方，一般需要三五天或一个星期甚至更长时间的考察。主要考察流动人群、店里人群、平时的消费人群、消费的时间节点、外出活动的大概状况和规律、受节气影响的时间等。

2. 在特定的时间点看

根据火锅消费人群的特点在特定的时间点查看。火锅消费大部分集中在晚上，因此主要观察这一时间段的消费人流量、吃饭地点、消费时间点、消费时长、消费群体减少时间点。有些地方虽然白天人多，但是晚上人少，例如服装市场，所以在特定的时间点查看才更准确。

3. 人群性质的分析

● 第一层分析：实际消费人群和单纯逛街人群各占多少。有些地方看似繁华，但大多数是匆匆而过的人群，我们需要的是固定人群或经常消费的人群。这就是有时候我们看到街道上似乎人很多，但是店面生意并不好的原因，因为流动的人群太多。火锅与快餐的区别也在于目标顾客群体属性的不同。

Tips: 餐饮业有句话叫"活水不养鱼"，即流动的人群不利于餐饮店的长期发展。流动人群变动太大，大多数人只是逛街或路过，并不停留，而我们需要的是能停下来消费的人群。

- 第二层分析：消费人群的层次、职业收入、年龄、对餐饮的要求。分析这些地方是否满足他们的需求，有没有更多让他们停留驻足的商家门店。
- 第三层分析：消费能力分析，包括外部分析和内部分析。查看小区档次可以知道消费情况；查看街道建设情况可以了解消费档次，这是外部分析。内部分析是分析他们常消费的餐馆档次和消费额度。消费能力的大小、需求档次的高低决定了我们的定位高低和投资多少，同样决定了我们的宣传策略，针对不同的需求消费能力，宣传策略也有所不同。
- 第四层分析：消费群体分析。根据消费群体的不同确定店面定位。不同区域面对的消费群体也不同：学校有年轻时尚的餐饮消费者；小区有稳定的客源，有一定的消费能力；街道综合性多一些，大众需求相应较多；商场需要高档一些；办公区域要更加快餐化，旋转火锅、吧台模式更受欢迎。

通过以上 3 个方面的观察考量，就可以对人流量有个大致的了解了。

3.1.3　问路人

问路人是选址"独孤九剑"中的第三剑，可以让信息更完善。

1. 提高信息可靠性

很多路人了解的信息可能更客观，因为他们可能长时间居住在这里，比较了解情况。

2. 为判断提供依据

这种简单的调查对你的判断非常重要。路人对这个地方的印象，不但能帮助你判断在这里开店是否可行，而且可以了解他们真实的需求在哪里。

3. 掌握消费动机

消费动机是考察的重点，初步掌握是什么因素吸引他们在这一带吃饭，也就是这个地段的优势。

4. 归纳需求优缺点

摸清消费人群选择在此地就餐的原因，即此地的优势。调查消费人群不喜欢在此地用餐的原因，在开店时需要避免，或者利用一些经营手段去弥补。

比如有很多人说这个地方停车方便，距离上班地方近、距离住处近，或者自己住处没餐馆就这里有。这些问题能透露出几个信息：一是交通便利；二是附近有固定的群体；三是附近只有这里有餐饮，但没人说好吃，那说明这里的餐饮口味一般，我们就要做好味道。

以上信息都对我们的经营和选择有很强的指导意义。

问路人的注意点：调查至少 20 人，数据越多越准确；多问常年在周围活动的路人。

问路人的内容：一般在哪儿吃饭，对这里的餐馆印象如何，这里消费怎么样，一般外出的人多不多；对于一些大的店面，还需要询问该店顾客是否常来，对这里的印象如何，为什么选择在这里吃饭，并做好信息归纳。

Tips：通过询问路人可以获得这个地方的一个大致"画像"，包括消费者年龄段，消费层次，有什么优势，为何选择这里等，这些对店面定位都非常重要。

3.1.4　看商业

店面周围的商业情况也是一个考量的重点，有大型商业依托的基本都不错，商业扎堆的地方也是一个不错的选择。

看商业的要点：看这个地区的商业构成，具体是工业属性区还是生活区，是大广场还是小街道。

1. 工业属性区

工业属性区是指与工业生产相关的店面较多的区域，例如工厂、零配件销售、修车铺等，这种区域大部分消费比较集中，有时间性。对火锅的需求价值点着重考虑消费能力、消费概率，是大火锅还是小火锅。

2. 生活区

要看是属于步行街类的综合商业，还是单纯的聚群型商业。步行街上有服装店、生活用品店、家电店、商店超市、餐饮店等综合商业形态，这一类是优选的，因为综合商业场所的固定人群不会太少，聚集人群的能力比较好。

3. 大广场

一般有大型商业依托的地段都不会差，例如大广场、商场、超市和电影院等有吸引客流量的先天条件。其中大商场内的小吃城以及商场内的餐饮城是可以考虑的地方。

如果是新开业的餐饮商场，你需要了解开发商的实力，以及附近地段吸引消费人群的能力。

4. 小街道

指单纯的聚群型商业，比如餐饮一条街、服装一条街等。需要注意的是别去服装一条街开火锅店，成功率并不高，因为其商业属性已经确定，消费者去那条街的目的性很强，就是购物，不要扰乱消费者的目的。

以上4点是我们要重点考察的。餐饮店扎堆其实是一个优选条件，可选性多，更容易吸引人群，良好的商业形态一定是聚集型和生活型。试想一下，出去吃火锅，我们会选择去什么地方——能逛街、餐饮店多的地方是大部分人的选择。

因此，不建议在没有任何商业依托的地方开店，除非品牌大、投资多。

举例 陈小妹在家附近找了个店面，店面所在的大街没有做餐饮的，商家也零零散散，白天看起来有人，一到晚上就没人了，因此生意很差，没开几天就关门了。

这就是没有找对商业形态的结果。

商业形态也决定了这个地段的价位，自己有没有能力消费是消费者选择一个地段的硬性条件。

3.1.5 看住户

住户群是开小火锅店要重点考虑的一个因素。小火锅店既有大火锅店的特点，又有快餐的方便性，还比较休闲、时尚。在住户多的小区附近，小火锅店能满足晚上全家外出消费的需求，也能满足朋友聚会的需求，并且消费固定，受节气和节假日影响较小。

我们经常说有人的地方就有消费商机，住户群体的稳定性是其他地方无法比拟的。住户多的小区附近尤其适合开设小火锅店，因为它方便、简单。

看住户主要看什么：了解消费水平、餐饮偏好、口味喜好、菜品喜好等。确定一个符合他们消费水平的价格及菜品模式，能让你在策略上有的放矢。

现在越来越多的商业形态趋于社区化，在住宅区里形成自由商业区。这类区域的优势在于房租相对便宜，只要味道好、经营良好，很容易培养固定客户。它的局限性在于住宅社区一定要有足够量的人群，竞争力度要适当，而且要得到物业允许。

3.1.6 看价位

房租是开火锅店需要重点考虑的因素，毕竟它在整个投资中所占比例较大。房租价位通常根据以下6点来判断。

1. 个人投资能力

选择与自己投资能力匹配的店面。再好的店面，如果租金超过个人投资能力，投资者也难以承受。资金充足可选择大的商场、步行街，或者更繁华、更具有标志性的地方；资金有限可选择性价比高的、有一定人流量的地方，例如住宅群、老街道、新小区、学校周边、社区等。

2. 地段是否与价位价值相匹配

这里面分两个层次：一看价位是否匹配，二看价值是否匹配。

- 价位。看其价位和地段是否匹配，值不值房租钱。可以通过与同街道同类别的店面比较、此地段的房屋价位比较、相同面积的房屋价位比较等方法来衡量房租是否虚高。
- 价值。值不值这个价格，这个"值"是根据火锅项目来衡量的。不同项目对于店面位置要求不同，价值衡量也不同，所以一切以是否适合开设火锅来衡量。房租再便宜，但不适合开火锅店也无济于事。

3. 不同面积相同价位的取舍

选择店面最忌讳的是为了面积大、房租低而选择太偏僻的地方。房租和人流量比"面积大"更重要，因此面积小但房租能承受、人流量不错的店面，较单纯面积大的更合适。开火锅店是门生意，以消费者为主导，没有消费者的地方，面积再大、房租再便宜也没有任何价值。另外，相同价位而面积小时，地段可作为首选，我们不能过分追求面积而放弃性价比。

举例 小郭看了两个门面，房租都是8 000元/月，一个门面面积为120平方米，另一个门面面积为60平方米，面积大的在一个旧街道，面积小的在学校周围。人群对比来看，旧街道人越来越少，而学校周围因为步行街多，人比较多。起初，小郭为了面积大而选择旧街道，结果生意不好；最后选择了学校周围，生意比预期更好。

4.相同面积不同价位的取舍

面积相同价位不同，说明店面受到地段因素、房屋结构因素、内部装修环境因素和设备因素等影响较多，要分清楚哪个因素是主要原因。如果是地段因素，价位高的地段一般都不错；如果是房屋结构因素，一般设计布局中空间利用率更高的房屋价格高；如果是由于装修因素和设备因素而导致价格高，就要衡量这些是不是我们需要的，装修和设备只是额外的因素，可以根据所需选择要或不要。

5.面积大价位低的店面取舍

有一些店面面积大、价位低，很多人就认为是优质店面，其实这个判断不一定准确。优质店面要满足3个要素：面积大、价格低、适合做餐饮。面积小、价位低的店面，开店时要进行模式上的调整，针对低端消费者进行定位。

6.房租的控制范围

很多人都有这样的疑惑，即将房租控制在什么范围内才算合适。这个问题没有一个绝对的答案，因为高房租对应的就是高消费和高利润，低房租对应的就是低消费和低利润。房租的范围控制主要在于准确衡量个人投资能力大小，以及当地的房租水平。一般房租不宜超过营业额的15%，控制在这个范围内比较恰当。

价位是初步衡量地段的标尺，进一步衡量需看价值，价值不高价位再低也没用。另外，判断房租是否虚高还要从人流量、发展空间、周围商业环境来衡量。

3.1.7 看对手

一个地方适不适合开店，要看有没有同类产品、竞争对手，竞争对手和同类产品的数量有多少，饱和程度如何。

衡量的要素有：竞争对手生意如何，他们采用什么模式，顾客评价如何，竞争对手的数量有多少，他们的消费人群量有多少，每一个要素都影响着我们的决策。

Tips：A街区有空店面，整条街上有两家自助火锅店，生意都不错，这两家火锅店相距100米，说明这条街人流量大，喜欢吃火锅的人多。B街区也有空店面，但没有火锅店，饭馆也比较少，大部分消费都以10元左右的面食为主，这些饭馆的消费人群也都不多。经过对比，优选A街区，成功开设火锅店的把握更大。

1. 火锅店数量与人流量情况分析

● 火锅店多，人流量大。这种情况说明这个地方火锅很受欢迎，此地的消费能力强、火锅市场很大，只是大家都在"混战跟风"。针对这种情况，我们就要用差异化、特色化来应对：他们用自助模式，那么我们就用单点模式；他们用串串模式，我们就用拼盘模式；他们以麻辣为主，我们就以多样化为特点；他们用旋转模式就座，我们就用"桌椅板凳"模式就座。这样从模式定位到产品都分析清楚后，我们就可以做好差异化和特色化。

● 火锅店多，人流量小。这种情况饱和的可能性很大，毕竟火锅市场就那么大，消费群体有限，过多的火锅店只会分流。如果要做也可以去做，只是花费的力气要更大一些，自身竞争力要更强一些，而且必须有足够吸引消费者群体的"杀手锏"，例如低价格，或者高品质，让其他的店面无从招架，只要我们自己能承受。

对于市场是否饱和一定要判断准确，不要因误判而失去商机。

衡量市场饱和的指标：店面数量、容纳量、周围人流量、竞争对手的生意状况。例如，一个体量很小的小区，开了三四家火锅店，那肯定会有些饱和。一般我们计算的方法是，平均一家店基本需要2 000户人家作为生意的保障，每户2~3人，这样开店才有保障。

● 火锅店少或者没有，人流量大。这有两种可能性，第一种是本身火锅在这里没市场，不受欢迎；第二种就是空白市场，大家还没有开火锅店的意识。前者不可做，后者可以抓住机会。

● 火锅店少，人流量少。很明显火锅在这里没有市场，没有消费支撑，这个地段不是我们要考虑的范围。

2. 不要逃避

做餐饮最好是扎堆，容易聚拢人气。所以，不要逃避。店面扎堆，可选性强，而且现在消费者消费的随机性较强，更有利于做生意。此外，竞争对手会促使你改进店面，不断完善。

Tips：我们不要怕竞争对手，不要逃避，有对手才有市场。很多地方都有有名的餐饮一条街、火锅一条街。扎堆是商业很好的属性，可选性强，更容易聚集人气，而且能形成独特的餐饮体系，相互借力。

竞争无处不在，所以不要怕竞争，而要思考如何竞争。

3.1.8 看餐馆

了解某个地段整体的餐饮店的情况，才能了解市场。主要分析餐饮构成、形态分布、餐饮店数量和经营状况。

1. 餐饮的构成分析

分析哪类餐饮占比较大、生意较好，哪类占比小、生意差，从而判断出这类餐饮在此处的受欢迎程度。我们需要考虑：开火锅店会不会受到这些类型的餐饮影响，有多大影响，应该如何调整适应。

2. 餐饮店形态分布分析

分析餐饮店的形态分布，有利于确定具体的位置到底如何。比如，某地是一个餐饮区，餐馆很多，都集中在一条街，但我们找到的店面却在另外一条街。这种分布相当于"岔路分布"。

对于餐饮店，有时候隔一条马路，人流量都会差很多；隔一个街道生意就有天壤之别。因此，不能一味地单纯看餐饮店扎堆，还需要看它们的分布情况。连贯型的扎堆是我们最好的选择，分散型的、中间有间断的都是"岔路分布"，需要谨慎选择。

3. 餐饮店数量和经营状况分析

通过对周围餐饮店数量和经营状况的了解，来判断此地的消费水平和需求总量。

4. 消费习惯分析

各地餐饮店消费人群的消费习惯有所不同，但总体可分为以下两种类型。一种是强目的性消费，就是店面无论是扎堆还是孤立，消费者都有很强的目的性，就像地方特色是当地人的消费习惯一样。另一种是随机可选性消费，消费者一般喜欢去餐饮店多的地方，这种地方有可看的、可选的、可逛的。后者符合大多数消费者的习惯。

3.1.9　观动向

观动向是观察人群流动的方向。从哪儿来、去哪儿，行走路线、交通工具，中途是否停留，这些因素对开火锅店来说都很重要，可以决定店面的具体位置，这个具体位置对于生意影响巨大。对此，笔者有很深刻的体会。笔者曾将第一家小火锅店开在一个自认为人流量还不错的地方，但是生意不太好，意识到问题所在后，将店面挪到了路对面，生意很快就好起来了。

出现这种情况的原因在于误判了这个地方的人群流动方向。虽然是同一条马路，但人群从路对面进入住户区，对他们来讲，回家途中顺便吃饭最好；而在路这边，大部分都是上班时急匆匆路过，不会停留。作者的店面最开始在路这边，因而生意不好。

Tips：人流的动向决定了顾客的消费决策，顾客的消费决策决定了店面生意。所以，观察人群动向是进一步考察的重要环节。

通常，不受人群流动方向影响的只有大品牌，小店面是无法做到的，只有顺应人群流动方向，才能获得消费者的即兴消费、便利消费、中间选择消费。

1. 便利消费

惰性思维让消费变得很随机，消费者在路边看到什么，或者临时想到什么就去消费，因此便利性就占了很大先机。

2. 中间选择消费

逛街的一般原则是先走走、再看看，走到中间再消费，这跟我们买东西是一样的原理，不选最贵的，也不选最便宜的，只选适中的。

此理论在很多地方都适用，放在做产品上也一样，寻找中间点比寻找最高点更重要。

3.2　跟随法：更省事的选址方法

跟随法，顾名思义，就是别人在哪里开店你就在哪里开店。当自己不能判断选址是否正确时，跟随法是很好的方法，而参照一些经营良好的店的选址更可靠，这些店一般都有更系统的选址方法。

3.2.1　跟随的目标要属性准确

属性准确就是与自己经营的火锅店的产品相同或相似、吃法相似、消费人群相似、经营模式相似。

举例 小李想开一个100平方米的火锅店，单点模式，不知道如何选地方。想到羊肉泡馍馆开在哪里都很火，于是找了一个羊肉泡馍馆附近的店面，结果生意并不好。

我们来分析一下。首先，羊肉泡馍是陕西特色小吃，具有很强的风味属性，因此不管开在哪里，顾客都会一传十十传百；其次，这种地域性餐饮与火锅的消费人群、目的、吃法、产品都不相同，跟随它选址，火锅生意当然没有保障。

开火锅店，如果将当地特色小吃店作为跟随目标，就叫跟随的目标属性不准确。

这种具有强地域属性的餐饮店不能作为跟随目标，小吃快餐店也不宜作为跟随的目标，要找与自己属性比较相近的，具有相同特性，相同氛围，相同休闲特质和社交属性的餐饮店，并且体量大致相同。除此之外，跟随的目标最好还拥有一个统一的品牌形象，例如，直营店或加盟连锁店，因为这些店的选址都有其严谨细致的科学方法，我们可以参考。

每个地方的餐饮店属性都是不同的，这就需要你衡量是否符合当地消费群体的属性。

3.2.2　跟随的目标要体量相同

所谓体量相同，就是实力、店面面积相仿。例如，A和B均为大品牌的火锅店，A就可以跟B"对着干"，B选择的开店地点A也可以选择，因为两者的品牌、实力、店面运作能力相近。如果开个小店，不做加盟，品牌也没有知名度，跟随大品牌的火锅店就很费劲。大品牌的火锅店知名度高，经济实力雄厚，店面大，有些店生意不好，其他店也可以补充支撑。而你的店没有这个实力就很难支撑下去。

火锅行业有很多品牌，要寻找与自己体量相当、装修档次相近的跟随目标。跟随、模仿需要你在各方面都与跟随的目标实力相当。

Tips：根据投资多少选择跟随目标很重要，体量相当的跟随目标才是合适的。什么规模的店就跟随什么规模的品牌。大投资就追随高端品牌、高端商业，中低端就追随同等的品牌。如果体量都不相同，那跟随只能是不自量力或者跟错目标。

3.2.3 跟随时要灵活变通

选择跟随的目标应该是成功的餐饮店，它们前期花费比较大，选址是综合性的，而且是企业化的运作，所以一般不会担心费用问题。但是在自己选择时，就需要衡量是否能承担房租费用。

1. 如何才既能跟随又能节省房租费用

● 缩小面积。例如，你跟随的是麦当劳，旁边的店面房租都很贵，那你可以选择面积适当小点的店面。

● 地段相对偏僻。与跟随目标距离不远，但相对稍微偏僻一些也行，不会有太大影响。

● 改变房屋层数。如果以上两点都不行，可以选择临近的2楼，距离大品牌很近，2楼相对也便宜，这样能降低房租负担。

● 房租变提成。也有一些地方，房东不愿意收房租而根据你的营业额拿提成，对于他来说也是一种投资，这样的合作比收固定的房租更好。

● 控制房租缴纳首付和周期。房租首付越少越好，周期越短越好，一般都是一年或者半年，房租可以谈到押一付三（即以1个月租金作为押金，再另付3个月租金，3个月后按月交租），这样也能减轻你的负担。

2. 跟随的其他注意事项

● 距离。要考虑距离跟随目标多远才算是跟随。一般情况下餐饮店距离超过200米就不算跟随，也没太大意义，所以在100米以内才算最为恰当。

● 房租浮动。房租浮动太大一定有其原因，要探究清楚。同一条街相近店面如有这种情况需要着重考察店面周围以及店面本身情况。房租低于同类店面，如果不是面积和楼层问题，说明店面可能存在其他问题，例如位置太靠里，位于死胡同内，或者在拐角处，太偏僻等；如果高于同类店面很多，要考察其高的原因，衡量是否划算。

Tips：A先生找了个店面，是在某焖锅品牌附近，焖锅在一楼，生意不错，房租180元/平方米，而他所找的店面房租是100元/平方米，价格相差很大。仔细分析后他发现，原来这个店面在拐角处，而这个拐角属于阴面，人流量不大。大部分人都是在焖锅店那边逛街。考察清楚这一点后，他决定还是重新找店面。

找准、找好一个跟随目标很重要，但也得根据跟随目标灵活地进行分析规划。

3.2.4 跟随时要全面撒网

品牌店面都是些知名的、体系化的店面，一般它们选择的地段都是人流量比较大的地方。因此，我们需要全面撒网、重点去看。

1. 同一品牌多目标查找

查找它们的店都分布在哪里，再去这些店的周围查找，对同一品牌进行多目标查找，更容易筛选目标。首先从网上搜索它们的店面位置信息，然后根据这些店面位置在网上寻找，锁定空店面，最后逐一查看。

2. 具体查找方式

利用地图、团购网、支付宝等各个渠道进行搜索分析，而后通过分类信息网进一步锁定每个店所在的区域，查找附近的店面出租信息。这个过程在网上进行即可，当然你也可以直接向中介公司咨询。

3. 同样属性、体量设置多个目标品牌

同样体量、属性的餐饮店不止一家，所以多找一些可跟随的品牌，设置多个跟随目标，这样选址成功的概率会更大。目标品牌店面选择两三个即可。

3.2.5 考察清楚目标品牌的店面生意情况

虽然目标品牌有科学的选址策略，选对的概率大，但它们也有选错的时候，因此我们必须屏蔽掉那些选错的地方。那如何考察它们是否选错了呢？

1. 此地段店面经营时间长短

经营时间很长，说明此地段不错。如果它们一直在这个地段经营，说明此地段确实不错，或者这个地段有潜力。如果它们经营的时间还比较短，那么我们需要再次考量该地段的人群情况。建议尽量选择一些品牌店面经营时间比较长的区域。

2. 实际的生意状况

根据入座率、翻台率估算每天的消费人数，然后乘以客单价，加上外卖等，可以初步判断它们的生意如何。估算每日营业额和成本，判断是否有盈利，如果有就可以跟随。

Tips：笔者考察过一个品牌，生意不错，但计算成本和营业额后发现事实并非如此。原来该品牌是连锁品牌、由总部补贴，在这里开店是因为这个地方有新的楼盘要交付，有发展前景，但作为个人小店目前无法等待，因此放弃。

3.顾客的反馈情况

顾客反馈可以通过线下、线上两种渠道进行了解。线下你可以通过餐厅就餐认识一些顾客，通过闲聊了解顾客对这家餐馆的描述和认可度，以及餐厅平时的生意情况。

举例 笔者去一家餐厅吃饭，坐下后刚好与其他人邻座，便搭话说："你们是经常来这里吃饭吗？这家怎么样？什么好吃？我觉得这里的环境还不错。"对方回答说："经常来，我就喜欢这家的小料，味道很不错，环境还行吧，我不在乎这个。另外，这里离我家也挺近，比较方便。"通过简短问答可以获取好几个信息。

依此类推，通过与多人聊天询问，可以掌握店面的真实情况。

线上各大点评网站的顾客点评，微信公众平台的互动留言也是可供参考的方面。

从以上3点可以考量出目标品牌选择的这个地方是否值得跟随。

3.3 依附法

依附法是指依附于大型商业体或大型生活消费圈，这些地方能聚集人气或者已经形成气候，这样的商业依附更有可靠性。对于初次开店的创业者来说这是个不错的方法。一些广场、商场都会以优惠条件先吸引一些知名的餐饮店和其他品牌入驻，起到招揽人气的作用，并作为后续招商引资的资本。我们通过以下3点来考察某商圈是否值得依附。

3.3.1 体量

体量一定要足够，即需要面积够大、商业量够大、刚性需求够多。一个小超市，没有特色，是起不到吸引更多人的作用的。体量足够才能吸引顾客、满足顾客。实体店面的消费欲望来自"逛"的需求，体量足够的商业体恰好能满足这一点，例如大型超市、电影院、百货大楼、贸易中心、大型游乐场、特色生活商业区等。吸引目光—增加期望感—产生逛街欲望—产生消费冲动，这是一个促进消费的流程。

3.3.2　体系

如果个体体量不够大，那就要考虑商业是否构成体系。体系是一整套配套齐全的商业，形成吃喝玩乐的消费、生活中心。

Tips：笔者家附近有条街道，大大小小的店面很多，逛街的人很多。这是因为这条街有面食店、火锅店、砂锅店、西点甜品饮品店、牛排店、炸鸡店、炒菜馆，也有服装店、十元店、便利店、理发店，还有电影院等，形成了一个体系，这种情况就可以依附。而另一条街店面零零散散，走几步一个五金店，再走几步一个美容店，这就不适合依附。

3.3.3　时间

商业圈形成的时间长短也是衡量该商业圈是否值得选择的一个因素。利用"商业依附体"存续时间的长短考量其是否值得选择。

1. 较长时间的成熟"商业依附体"

比较成熟的商业体肯定是优选的地方。商业体存续时间长，如果运作良好，自然会聚集较多的消费群体，所以客流量不是问题。

2. 新的"商业依附体"

因为是新的商业圈子，在未正常运营前，应重点考量其商业综合能力、宣传能力、商业实力、招商能力和开发商实力。这些能考查出它们开始运营后的发展潜力。

3. 较长时间但不成熟的"商业依附体"

如果经营的时间比较长而人气还是较低，那么这样的地方可以不用考虑。因为这说明该商业圈没有商业实力，没有特色和吸引人的地方，整体的商业运作也有问题，不利于店面的发展。单靠一个店面是不足以吸引人气的。

依附法主要衡量商圈的综合商业实力，从以上3个方面综合衡量则更为准确。依附一个综合商业实力强的商业圈非常重要，甚至不用大力宣传，店面生意都会不错。

3.4　选址的四大误区

火锅店选址，通常会存在一些误区，有一些是因为经验不足而判断失误，有些是对火锅本身的受众不了解造成的。以下4个误区是我们选址常见的问题，因此要尽量避免。

3.4.1 车流汹涌的大十字路口

很多人觉得大十字路口是个好地方，大十字路口有其特定的商业价值，但需要看做什么项目，酒店等大型商业服务项目比较适合选择这种地方。

1. 大十字路口不适合小店

大十字路口一般都车流汹涌，酒店等商业服务项目开在此处比较便利，便于被发现。酒店等大型商业服务项目的特点是面积大，资金实力相对雄厚，受众消费能力强。因此，大十字路口适合大一些的店面投资，小店就不太适合。

2. 车流量大，人流量大，不代表吃饭的人就多

大十字路口一般车流量大，但都匆匆而过，很少停留。如果要选择这样的区域，建议选择小型十字路口，一般小型十字路口步行人群比较多，如果周围也都是餐饮店面会更好。

Tips：我们经常看到有一些火锅店开在一个很大的十字路口，车流量大，但行人少，所以店内的生意也一般，不管打折多厉害，口味多好，这类地方往往行人不停留，车辆也不停留，生意很难好起来。

总之，十字路口不一定是好地方，须通过店面面积、周边的商家情况，以及步行人流量而不是车流量来判断。

3.4.2 换乘多的地铁口

一些地铁口换乘车辆较多，但因为不是目的地，人群也是来去匆匆，并不会停留。另外，地铁口很少有商业依托，更让人不愿停留。这样的地方适合快餐小吃，不适合开火锅店。

Tips：如果是一个直达目的地的地铁口，周围是人群乐意停留的地方，吃喝玩乐满足任意一个，那么这样的地方可以选择。比如一些广场出口，一些住户群出口，一些商业体出口均可。

举例 有朋友想在一个地铁口开一个旋转火锅店，笔者考察后告诉他不行。因为那个地铁口不适合这种火锅的产品属性。他表示不理解，说旋转小火锅也算是快时尚的餐饮，且这个地方人流量也较大。

笔者分析说这个地铁口不是逛街的出口，而是换乘的地方，大家都匆匆忙忙赶路不会停留；周围也没有可以逛的大型商业圈，所以不适合。

3.4.3　只有别的商业，无餐饮店

有些人为了降低店面房租成本，选择的地方比较"特别"：周围都是建材店、服装店，唯独没有餐饮店。笔者也不建议在这样的地方开火锅店。原因如下。

1. 回头客问题

这样的地方，基本没有多少精准的客流量，即使利用宣传手段吸引了顾客，也很难长期留住，不能形成固定的回头客。因为这种交易市场，除了零落的商户，没有吸引顾客停留吃饭的条件。

2. 店面位置问题

在这样的地方，店面隐藏在一些与餐饮不搭边的店面如建材店。

3. 现有顾客问题

这些建材店不是建材城，零零碎碎的，白天只是商户，晚上关门回家，没有消费人气。

这样的地方与餐饮很"不搭"，火锅店生意自然不会好。

3.4.4　道路不通畅的地方

道路不通畅的地方不建议选择，即使这样的地方房租便宜。

所谓道路不通畅指的是一条街道只有一个入口，这个入口也是出口，这种情况不利于人群"逛"和行走。除非道路尽头有庞大的住户群体或者其他商业群体，否则应尽量避免选择这样的地方。

大多数人在选择消费或逛街的地点时，都不会愿意选择一个堵住去处的街道，因为不便利。

Tips：有一个火锅店，开在一个建筑工地的路对面，而这条路刚好被建筑工地挡住了。老板之所以选择这个地方，是因为房租便宜，而且他觉得对面是工地，吃饭的人应该比较多。他的参考目标是旁边有个面馆，生意还不错。结果火锅

店生意很差。出现这种情况的原因是面馆是大众消费, 工人也许会有临时性的消费, 但是一旦工程完工, 生意也许就没了。

道路不畅通的店面位置见图 3-1。

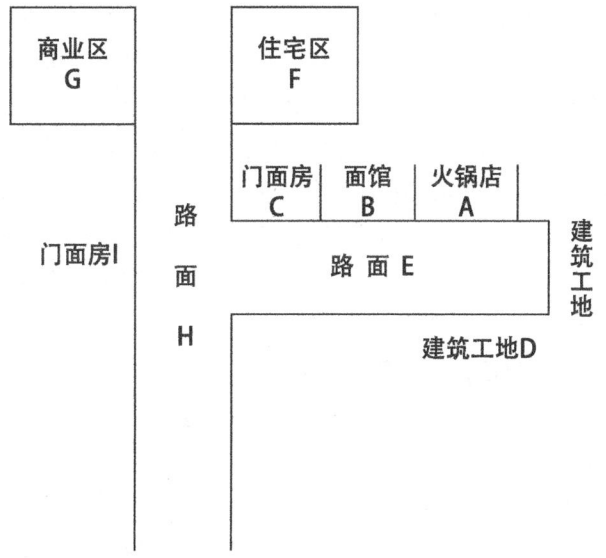

图 3-1　道路不通畅的店面位置图示

我们可以看到, 图中火锅店 A 开在了被堵死的道路旁, 对面是建筑工地 D, 旁边是面馆 B。正确的店面选择应该是在 C、I、G 区域。

3.5　怎样与房东谈房租和转让费

作为谈判资本, 房东一般都会在原有基础房租上增加 30% 的租金, 所以双方的谈判一般就是拉锯战, 主要问题在于如何减少或增加这 30% 的租金。

在谈房租之前需要大体了解周围的租金情况, 做到心里有数, 等到真正谈的时候就更有把握。谈房租也是一场心理战, 经过多次谈判就可以基本掌握房东对房租的底线。

3.5.1　谈房租分 3 个层次

谈房租一般分为 3 个层次, 首先了解清楚房东的态度以及这个房子的整体情况，然后逐步达到你的谈判目的，通过层层递进的方式逐步了解房东的意愿和情况。

第一层：初次接触了解，掌握细节，探问房租底线

初次接触时想要探问底线，首先需要了解房屋的结构，简单总结一下满意和不满意的一些房屋细节。接下来再仔细询问店面缺少的一些设施，房东是否能提供齐全，房子是否符合使用要求，比如下水道、电路等是否符合要求。最后大体说明你对这个房屋可能要进行改造的地方，询问房东是否接受。

此外，你需要初步掌握的细节还有：房屋是否有独立产权，通风设备是否到位或者能否安装，消防等设施是否符合规定，有没有违反规定的地方，营业执照是否能顺利办理下来，与附近店面有无纠纷，门口是否可以利用，公摊区是否可以利用，房租怎么交，水电费高不高，水电费在哪儿交等。最后，询问房东是否可以降低租金，能低到多少，完成初步商议。

第二层：初步商议后，进行私下守店

主要是了解清楚两三天内有多少人来看店，这个店的意向客户有多少，以此来考量这个店的招租能力和竞争对手情况。如果在这两三天里看店面的人很多，那么你在谈房租时就得掌握尺度，出价不能太低，否则房东不会答应。如果几天内看店面的人少，而且有意向的也不多，说明这个店招商能力不强，这时你就可以谈房租了。

掌握了真实情况，你就可以有把握地与房东谈房租，可要求减少房租，或者要求缩短房租交纳期限，能争取的尽量争取。

第三层：兵分三拨，挨个去谈

这是个计策，就是由 3 个人代表不同的寻店者找房东谈，然后以低价格"拿下"店面。经过 3 个人交谈，你们便能知道房东的真实想法和情况。经过谈判，如果房东可靠，说法大体一致，就可以按照最低的谈判标准签约。

Tips：谈房租需要知道房东是急于出租还是等待合适的租赁者，他的底线在哪里，他针对不同寻店者的说法是否相同，有哪些不同。了解清楚这些，就可以判断房东是否可以长期合作。

3.5.2　谈转让看 3 点

一般的店面都有转让费，这就需要通过以下 3 点估算转让费是否合理。

1. 店内的装修

很多房东收取转让费时以装修为筹码来抬高转让费, 即店面是新装修的, 接手后都不用再装修了。此时, 你可以以"我们开店肯定还需要重新装修, 因为定位模式不同, 店面风格需要焕然一新, 否则消费者会认为什么都没变。"为说辞, 拒绝抬高转让费。如果转让费高, 但地段好、生意不错, 也是可以接受的。除此之外其他因素都可忽略。当房东以装修为筹码时, 即便我们可以利用得上也不能表现出来。

如果确实看重原装修, 可以先对原装修价值和自己装修所需的费用进行一个评估, 经过核算就可以知道转让费是否值得。

2. 店内的设备

设备有时也是房东估算转让费的重点, 店内东西多, 转让费就高。这时候你就要估算他店内东西的价值, 例如, 后厨哪些东西能用得上, 哪些用不上; 前厅的桌椅板凳、空调、冰柜等的价格如何 (这些东西的市面价格一查便知)。然后去除你不需要的东西, 再折旧, 大概能衡量出转让费是否划算。如果认为不划算, 可以考虑在不要设备的情况下减少费用。

3. 有没有附加价值

有些房东会说附带技术、材料或菜品等, 这也是你要衡量的。如果你是加盟, 可以不要这些; 如果自己做, 也得考虑是否值得要。因为相比于其他的餐饮店, 火锅店的厨房用具较少, 而且也有所不同; 火锅技术经过个人学习后也需要时间来熟悉, 而且技术好坏很难把控。

Tips: 笔者认为转让技术和材料的可靠性不大, 一般都是因为生意不好才转让, 如果真有心事转让, 房东没时间教技术, 也没法拿走材料, 到最后可能还是留给你。

从另外一个角度讲, 如果生意不好转让店面, 你还继续用他们的东西, 那也会影响你的生意, 让顾客觉得好像什么都没变, 包括口味等。这会给顾客造成错觉, 留下不好的印象。

以上3点是估算转让费是否合理的重点, 也是谈判的重点, 整体衡量后去掉不在意的、没价值的, 即可得到比较合理的转让费。这不是绝对的, 也有可能一些房东坚持不退让, 此处只是提供一种普遍可行的谈判方式。

3.6 怎么鉴别转让的店面合不合适

转让的店面，需要考虑转让的原因、时间等问题。店面转让一定要衡量店面自身的各类情况、费用是否合理等。主要从以下几点进行衡量。

3.6.1 转让的原因

必须思考清楚店面转让的原因，这是一个比较重要的问题。

1.询问周围的人

查看周围的商业情况，综合评估转让的原因。

2.询问转让者

弄清楚目前的生意如何，每天的客流量大小，转让者对这个地段的评价与所做项目的评价，以及其今后的打算。

询问这些问题，一方面可以拉近距离，放松其心理戒备，另一方面也可以判断出转让者的真实想法。问得多自然会有一些有用的东西，从而可以弄清楚他转让的真实原因和他对这个店的信心等。

如果转让者对这个店没有信心时，我们自己也不能动摇，需要判断他做的品类项目是否适合，他个人的经营能力是否存在问题。

店面转让的原因很多，有一些是因为生意不好，也有一些是因为合伙人不和，还有一些是家里有事情。其他如生意太多忙不过来等理由没什么可信度。前两个理由可以说明这个店面的价值。

还有一些类似于"我这个店也不着急转，能转出去就转，转不出去我自己还继续做。"的说辞，这种很大程度上是转让者故意打心理战术。对于这种情况，你可以蹲守查看其真实情况。

3.6.2 转让时间长短

转让的时间长短能说明店面的真实情况。转让时间长，说明转让困难或存在问题，此时你大可以出较低的价格，这也能从侧面反映这个店是否有潜力。如果转让时间太长，这时候你需要再重新衡量这个店的价值、地段位置等。如果是才开始转让的，那就无法衡量转让情况，只能多沟通。

火锅已经渐渐淡化了季节之分，但难免有个别的地方还会有这些现象，寻找店面的时节也要考虑，例如，在夏天转让火锅店时，就要考量这个地方有没有消费季节之分，你需要考虑是否现在接手店面。另外，如冬天转让饮品店，这样的消费淡季转让的店面可信度反而高一些, 这种因为项目自身原因造成经营者没信心的情况也相对正常。

3.6.3 店面经营时间

需要了解清楚这个店的经营时间, 这可以从它的牌匾、店内的设施来判断。短时间内转让肯定是生意不好, 生意不好一般除了自身经营和产品项目本身有问题, 还有就是地段问题了。你可以品尝一下它家的口味, 可以看看它的产品是否适合这个地方, 可以从老板的谈吐里判断他是不是个会经营的人。这些细节可以让你有个初步判断。

Tips: 有时候我们需要知道转让店面的上一家承租人是做什么的, 店面经营了多长时间, 从而判断这个地段如何。如果承租人在短时间内接连转让了该店面, 尝试了不同的项目最后都转让了, 说明这个地段不是很好, 不建议选择。

另外, 以下两种情况, 我们可以优选。

1. 新商业区第一次尝试开店失败后转让

这种店面值得重点评估, 第一个"吃螃蟹"的人成功与否都只是铺路, 我们需要重点衡量适合的项目、失败的原因、该区域顾客的消费能力和大体数量。

2. 老店面经营了很长的时间后转让

这种情况可以毫不犹豫地接下来, 能长时间经营说明地段没问题, 一般能经营超过 1 年说明此地段还是不错的。如果遇到几年或十几年的老店转让, 只要不是该地段拆迁就可以直接接下来。

3.7 选址途径: 通过什么方式找店面

选址对于大多数人来说是一件令人头疼的事情, 大部分选址依靠的仍旧是人工满地跑。现在互联网的发展为选址提供了很多便利, 网络定位、数据化筛选都是很好的选址方式。

3.7.1 最普遍的方式：寻找人流量大的地方

亲自到一些人流量大的地方去找，门口有转让公告的可以打电话询问，约房东看房。这种方式很普遍，但费时费力，通常1天只能跑一个地方，难有成效。如果你选定的范围很小，距离近且交通比较便利，你可以采用此方式；如果范围很广，不建议用这种方式。

3.7.2 最常用的方式：亲戚朋友之间的相互打听

动员亲戚朋友进行选址。人多力量大，通过熟人打听哪里位置好，哪里房租不错，哪里生意好，然后挨个去找。这种方式相对来说比较常用，人多了解的也多，但缺点是耗费人力过多，另外每个人都有各自的标准，所以欠缺精准度。这种选址方式只能以量取胜，即多找一些目标点，然后逐一筛选。

笔者在选择第一家店面时，有个亲戚说她住的那个小区不错，晚上人很多，但餐饮少、种类少，完全不能满足需求，她自己都感觉没地方吃饭，更没火锅店，有时候想吃火锅需要到很远的地方，而且价位较贵。通过她的描述，笔者专门实地考察了1周，觉得不错，就在那个小区附近开了店。

3.7.3 最方便的方式：分类信息网

供需网及本地专业的房源信息网是选址的有效渠道，这些平台的优势如下。

1. 房源信息比较集中

通过数据筛选，极大地节约了寻找店面的时间。可以通过锁定区域、价格范围、房子的要求等筛选出符合条件的店面，然后通过网上的初步了解，逐一定位精准后再实地查看。这样会有的放矢，不会太盲目。

2. 平台可选性多

分类信息网除了有个人房源，也有大量的中介信息，较亲自跑中介公司更方便。

3. 相对较全面、安全，信息精准度高

能了解到店面各方面的信息，比线下直接找更安全。另外，这种房源查找属于主动搜索获得，所以相对精确。

4. 可主动发布信息

可以在分类信息网、供需网、当地的一些租赁网上主动发布需求信息，让提供店源者主动找你。这些信息发布有免费的也有收费的，根据自己情况来选择即可。

3.7.4　最有效率的方式：中介公司

中介公司掌握的房源比较多，通过中介寻找到合适的店面再付费，这样的方式也比较好。

中介的优势在于其房源比较集中、房源信息全面精准、效率高。中介公司相当于一个收集整理信息的人员，其信息筛查更系统，不用你自己在繁杂的信息当中挑选后再东奔西跑。

🥣 Tips：找中介公司首先需要找一些知名的中介公司，尽量不找当地的一些小的中介公司。小的中介公司一是没有信誉度；二是没有一定的监督；三是不成文的规矩多；四是容易随意操作，寻租人没保障。其次，寻租人要将中介公司的付费标准、收费情况了解清楚。

3.7.5　最简单的方式：商圈、商场招商部

一些商圈、商场都有自己的招商部，可以直接到招商部咨询，这样更简单，你只需要锁定商圈即可。值得注意的是，一些好的商圈只有大品牌或熟人才可以入驻，可先通过相关社交群、相关人士认识同行，掌握情况。

🥣 Tips：商场招商部寻租的优势在于地方基本都比较集中，店面寻找也简单，大体位置相对可靠。重点要谈的是店面具体位置和租金，以及合作方式。商场招租也分以下几种情况。

1. 商场自己招商

统一由商场自己的招商部管理。首先需要了解清楚商场对商家的要求：有没有门槛，有什么门槛，我们是否达到，如果达不到需要怎么做，做的成本有多高。

举例 我们有个品牌——味图腾要进驻一家商场。商场的要求很严格，要求品牌有知名度、品牌发展规划、产品特点、风格特点、消费人群、相关资质等。

味图腾品牌发展规划：计划3年内在全城开50家店，着力塑造独特的现场互动牛肉火锅品牌形象，要让顾客一提起牛肉火锅，就想到味图腾。

产品特点：现场互动牛肉火锅，结合了牛肉的美味，以及与顾客的火焰互动。

风格特点：暗黑风格，缔造神秘色彩。

消费人群：20 ～ 40 岁。

商场受益：品牌自带流量、自有粉丝，特色餐饮能引来更多顾客，形成商场的一大特色。

这样的品牌介绍，会获得商场更多的好感度和信任感，以及对品牌价值的认可。着重向商场传递品牌的发展潜力、实力和品牌效应，这是核心。

商场越严格说明其越在意商业形态，好的商业形态，可以给商场带来更多人气。规划得当，品牌筛选严格，则商业整体质量会更好。

2. 商场中的个体户招商

商场将店面租赁给个体户后，个体户再招商。与个体户谈房租，需要注意他们招租的意向。这样的商场管理相对混乱，商业形态也相对比较混乱，会有同类餐饮竞争的情况；个体户在要价上也比较混乱。在谈这类房租时需要了解目前其他商户的房租情况，具体的方法技巧可参考 3.5.1。

3. 整体承包式招商

整个商场打包式租赁给第三方，由第三方进行划分出租。这与租赁给个体户的形式相同，只不过是整体化的投资，所有店面全部由其承租、装修或简单布置，再出租给商户。这种"二房东"也是目前常见的，有个人也有餐饮公司。这种承租需要谨慎选择，如果有授权手续，可以考虑；但如果没有请谨慎考虑。一般建议选择拥有房产证的直接签约承租，而"二房东"会造成有纠纷时无法解决或直接引起纠纷的情况。谈判技巧同 3.5.1。

以上每一种出租方式各不相同，所要面对的谈房租对象也不同，因此策略就不同，需要注意方式和技巧。

3.7.6 最懒的方式：移动社交互联网

移动社交平台很多，其最大特点是便利、活跃度高、传播速度快、容易操作。我们利用社交群体寻租可能更便捷。

1. 利用 QQ 以及微信加一些店面寻租群

这些群里面会有大量的出租、转让信息，发现符合条件的可以随时联系查看，也可以在群里发布自己的需求。

2. 利用 QQ 的同城服务、兴趣部落等社交平台

在这些平台上发布需求，寻找所需。这些平台是一些比较集中的平台，而且定位相对精准，最主要的特点是活跃度高。

3. 通过自己的说说、朋友圈

在这些地方进行信息发布，虽然传播能力有限，但作为社交平台有其传播价值。也可以做一些寻店活动，如打赏、提供有效线索、领取红包等。

4. 关注寻店租店的相关微信公众号

这些平台会发布一些房屋信息，你也可以在他们的公众号上发布一些需求，还可以关注一些 App（应用程序）的微信公众号平台。

5. 直播、短视频平台等

这一类平台更具有社交性，寻店直播可以吸引很多来自同城的关注。

我们要学会合理地利用互联网平台去寻找店面，而不是固守之前的一些方式方法。

3.8 店面价值估算工具

投资者开店前可以通过工具提前估算店面价值，并以此判断各项指标是否在具体范围内，给将来的运营做一个预估，从而得出前景判断。

Tips：我们通过店面价值估算工具可以判断店面能不能收回成本、房租高不高、每天需要多少人就餐才有盈利、这个地方的客流量是否足够多，从而判断出一个地方开店的难易程度。

3.8.1 店面投入成本计算公式

所有的公式都是有步骤的。我们首先要算出开设这个店面所需的大概费用；再算出需要多少人次才能收回成本，而超过多少人次就有盈利；最后判断这个地段是否能达到这样的人次。总体投入计算公式如下。

固定总投资 = 房租 + 设备费 + 装修费 + 人员工资 + 初次采购费用 + 水电费等固有消耗。

公式重要组成部分的注解如下。

1. 房租

根据初次交付的房租总费用计算，交付时间可能是 3 个月、半年，或者 1 年，具体交付费用按照交付的时间总数算。

2.设备费

根据店面面积算出所需的各类设备的费用。一般的设备如下。

前厅：桌椅板凳（或旋转设备）+冰箱冰柜+展示柜+料碗台+消毒柜+空调+饮料机+前台。这是基本的配置，其他的根据面积或模式增减即可，比如酒柜、菜品展示台等。

后厨：操作台、水池、煲汤炉、煲汤桶、炒料锅具、汤壶、油罐、料罐、长柄料勺、砧板、菜架、刀具等。

店面面积不同，所需要的设备数量也不同。因此设备费需要根据店面面积来具体核算。

3.装修费

装修费用与店面面积、材料、装修档次、人工费用关系较大。可充分了解当地的材料价格后进行估算，也可请装修公司进行估算。

4.人员工资

根据当地的人员工资情况，按照职能及后厨、前厅所需各类人员的数量进行核算。

以上4个方面是固定费用的重要部分，其他费用（如水电费）根据具体费用统一核算即可。最后得出的结果就是你的总投资。

举例并不实际，因为具体数据需要根据当地的各项数据进行核算，每一项都可能有波动。

举例 以80平方米的店面为例，假如房租为8 000元/月，一年一交，则固定总投资=房租9.6万元+设备费2.5万元+装修费2万元+人员工资1万元+初次采购费用1万元+水电费等固有消耗6 000元/月=16.7万元。

3.8.2 店面固定运营成本计算公式

店面运营成本，即每天所需要的固定支出。计算出店面运营成本，可以算出我们需要达到的营业额。

先算出每天的固定成本，每天的固定成本=总投入÷365天。

这里算出的每天固定成本就是我们每天要基本达到的保本营业额。

举例 以80平方米的店面为例，16.7万元是初步的投入。核算时需要注意一点：在3.8.1中公式里的水电费是1个月的，精确的计算需要加上全年的水电费。

仍然以 3.8.1 里的公式为依据，其他 11 个月的水电费共 6.6 万元。因此真实的总投入为：16.7 万元 + 6.6 万元 = 23.3 万元。总投入 23.3 万元 ÷ 365 天 = 638 元。

这样，每天的固定支出费用就是 638 元，也就是说店面不考虑盈利，每天需要支出 638 元，而如果想有盈利则先要达到 638 元的目标，而后才能考虑盈利多少的问题。

以上就是我们的固定运营成本，当然，你也可以计算得更细致一些，把折旧费用也算进去。

公式数据出来后，需要考虑的是这个地方每天能否达到 638 元的营业额，预估能超越多少，通过预估数据便可以判断该地段的价值。这只是预算，波动因素很多，只能作为参考，而不能作为指导，也不能完全说明问题。

3.8.3 店面盈利计算公式

店面盈利公式可对店面盈利状况进行提前的核算预估，这需要在每天的固定成本基础上推算。

4 个不同的公式会让我们看得更清楚。

1. 每天的固定成本 = 固定总投资 ÷ 365 = 人均消费 × 人数

注解：人均消费，是根据当地消费状况预先确定的人均消费；人数是根据固定成本算出的每天需要达到的消费人数。

2. 人均净利润 = 人均利润 ÷ 人均消费

注解：人均净利润，就是人均消费的利润占人均消费的比例；人均利润，就是一个人的消费额减去他所吃掉的菜品的成本后的金额；人均消费就是每个人的平均消费金额。

3. 净收益 = 人数 × 人均净利润

注解：人数就是每天可能来消费的人数；净收益就是每天所获得的利润。

因为店面没有正式营业，所以我们提前预估需要以百分比的形式来估算，如果店面已经开始营业，可以按照营业额数据，直接用总收入减去总成本即可算出。

4. 回本周期 = 固定总投入 ÷ 净收入

注解：回本周期就是需要多长时间能收回投入资金。

通过以上公式可以估算出我们是否可以收回成本，以及盈利额度是多少。

举例 以 80 平方米的店面为例，每天固定成本 638 元，我们根据消费者的消费能力和自己的投入成本来核定价位，得出人均消费为 50 元。

每日固定成本除以人均消费得出：638 元 ÷ 50 元 = 13 人，13 人就是每天保本需要的人数。

可以根据每天消费人数能否达到 13 人来衡量店面价值，如果无法达到则店面就没有价值。当然，这个人均消费是浮动的，人均消费越高，保本需要的人数越少。

以这 13 个人为核心任务，多 1 个人就开始有盈利，而剩下的菜品和底料成本，大概每个人算 15 元，50 元 -15 元 = 35 元，也就是说，在保本的基础上，为每个人付出 15 元的成本，就可以获得 35 元利润。

80 平方米的店面，按照 10 张桌子坐满 40 个人计算，减去 13 人保本，剩下的 27 人就可以有盈利，27 人 ×35 元 = 945 元，也就是说如果 10 张桌子坐满，每天的净利润就有 945 元。如果店面经营得好，每天不可能只有 40 人，一般 80 平方米的店面 1 天可能有 80 人来消费甚至更多。

那么我们可以估算一下需要多长时间回本：167 000 元 ÷（945 元 ×30 天）= 5.89 月，即 5 个多月就可以回本。

以上数据只是作为参考，具体的利润百分比需要根据菜品成本及流动成本来进行具体核算。

通过估算店面利润可以判断这个店面有无价值。当然，所有核算也都只是一个参考，并不一定就是营业后的数据，数据是死的，而店面需要人灵活地运营。

Tips：你需要知道每天入店多少人即可保本且有盈利，然后衡量这地方能不能达到那么多人，预估会达到多少人，通过经营能提升到多少人，这个数值可以参考旁边一些餐饮店的数据来估算。

3.9 什么情况下地段不重要

选址正确是火锅开店成功的一半，但有些人会反其道而行之。这个例子对大部分人没有参考价值，但对有特殊能力（比如有强大的策划、运营、宣传能力）的人是很好的例子。

例如，笔者有位朋友充分利用产品的特性、受众的特性、定位的特性，利用笔者的品牌开了一个小火锅店，店面在一个不算繁华的街道，而且是在28楼，但生意依旧很好，这归功于他有很强的策划、运营、宣传能力。

他通过以下3点来达到运营高度。

1. 产品特性

从产品入手，口味多样化，一人一锅、干净卫生，产品更迭快、创新能力强，并且结合其他餐饮形成混搭，形成产品的好奇感和新鲜感。

2. 受众特性

他选择这样的地方是因为自己有很强大的人际关系资源，认识很多商圈人士，还有以前的商界朋友。这群朋友特别喜欢安静，有很多商业方面的秘密不宜在公开场合谈论，而且愿意选择一些比较放松又具有特色的餐饮消费场所。虽然他的店面不是面向大众市场，但却是特殊人群喜欢的消费场所。此外，这些朋友都是长期固定客户，而且都成了铁杆粉丝。

Tips：如果你做的是私家火锅，针对的是特殊人群，且自带人脉关系，比如你本身是个搞艺术的，想打造艺术界朋友吃火锅的地方，那么你可以不用特别考虑地段，只需要考虑方便即可。

3. 定位特性

这家火锅店属于商业性质的高端消费场所，从装修品质到各方面设计都突出了文化特征，有浓厚的文艺感。

他的选址是别人不敢选的。对于大多数人来说，笔者不建议这么做。

第 4 章

店面筹备：如何省钱、快速又独特

　　店面前期筹备是一个统筹规划的过程，需要有一定的规划能力。不同的店面需要规划的部分不尽相同，比如转让店面需要考虑原物件利用率；空店面需要考虑规划利用率。

4.1　转让店面的前期筹备规划

接手转让店面，我们需要做以下工作。

1. 清点、清理遗留下来的物品设备

清理的过程中，将用不着的物品设备处理掉，能用得上的进行清单归纳，以节省我们的筹备费用。

2. 对原有的装修进行规划

店面原有的装修如果不符合要求，需要拆除，包括顶部、墙面、隔断、地面、包间等。如果想要省钱，可以留着觉得不错的装修加以利用。

3. 将空间重新规划布局

店面清理后，再重新进行空间布局规划。先划分出前厅、后厨、卫生间这三大区域，然后进行更进一步的规划。初步规划三大区域以便进行水电的前期规划。

Tips：接手转让的店面后首先需要清理原来的东西，包括归纳、整理、清除；而对于空店面就需要进行实际测量规划。

接手转让的店面后主要需要处理一些遗留问题，做好原有设备的规划和再利用。

4.2　空店面的前期筹备规划

空店面，包括毛坯房，都是需要从零开始筹备规划的。规划的重点在于如何利用好房间形状，巧妙地进行设计，将空间利用到位，既节约材料又能扩大容纳量。

1. 初步处理空房间或毛坯房的墙面、地面问题

主要对尘土、残渣、建筑物料等进行处理，毛坯房需要根据装修需求来粉刷墙壁、铺设地面等。

2. 初步计划布局

重点考虑现有房屋的规格和形状，形成空间利用的初步想法，想清楚哪些地方做什么。对房间的规格、用途有个大致的考量后再去规划风格。

3. 水电规划安排

有了大体的空间功能性考量后，可以根据功能性初步计划一下水电的布局问题，做好水电安装记号。

以上3点做完后，其他规划与转让的店面相同，可以按步骤正式开始整体规划布局。

4.3　整体规划布局步骤

整体规划布局需要按照步骤做到位。一个店面从接手到筹备成型，需要考量多方面：资金预算、空间利用、功能性的布局、美感设计、操作方便等。

4.3.1　第一步：画店面轮廓，量尺寸

初步构思成形后的第一步就是将这些想法初步规划出来，重点在于根据房屋的规格形状做好功能性规划，以及尺寸的标准化衡量。先画一个店面整体形状规格的草图，然后测量店面各个角落的尺寸。尺寸准确才能准确设计布局，空间才能更好地被利用，装修实施才能更好地因地制宜。

Tips：初步规划要先画一张店面形状尺寸图，并且标注好具体数据。这些标注是用来计算每一部分所需要的尺寸，比如前厅规划多大，能放多少张桌椅，后厨规划多大才能放置厨具等。

1. 大体归纳所需数据

归纳所需数据，包括店面总长、总宽，各个门窗间距、各个柱子间距、各个隔断间距，不规则的空间尺寸等。

2. 大体需要标注的位置

标注出门口位置、窗户位置、柱子位置、下水位置，有现成卫生间、厨房或者套间的也都要标注清楚。

3.测量注意事项

- ⊛ 测量时，两个人以地脚线为基准进行准确测量。
- ⊛ 尽量选择足够长的尺子，以免尺子长度不够导致测量不准确。
- ⊛ 任何不规则的空间都需要将所有边距测量出来。

房屋原有的施工图只能作为参考。因为施工图比较复杂，且施工图是房屋建造时的图纸，难免与实际有些不同。因此，建议自己画一个比较简单些的店面整体轮廓图，会更清晰明了。

店面整体轮廓图例见图4-1。

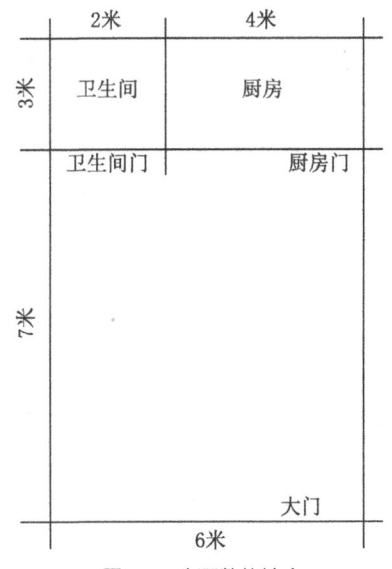

图4-1 店面整体轮廓

4.3.2 第二步：规划初稿准备

这一步骤主要是设计空间的物品摆放和安排布局。例如，前厅桌椅板凳的方位、数量、尺寸的安排，旋转设备的长短、桌椅座位的安排；自助区域的规划，前台操作规划；后厨主要设施的规划、摆放、数量等。

Tips：空间规划是让自己清楚地知道需要购买多少设备，需要如何装修。不建议将所有想法都存在脑子里，计划不清楚会导致想起什么就规划什么，这样一来会造成空间浪费，二来会产生设备买多或者买少的问题。

平面设计初稿需要准备以下几点。

1. 了解各个设备的尺寸情况

根据定位模式确定好设备类型，根据需求确定设备规格。模式大致可分为3类：桌椅板凳模式、旋转模式、吧台模式。这是目前常见的3类模式，我们以这3类为基础进行讲解。不同模式需要的设备类型不同。

● 桌椅板凳模式。根据需求确定桌椅的尺寸规格。如4人桌120厘米×80厘米，6人桌150厘米×80厘米，2人桌80厘米×80厘米。考虑桌子本身宽度、椅子和人员活动范围，则210厘米左右的距离最合适。你可以根据自己的所需安排不同尺寸的桌椅。

● 旋转模式。根据需求确定设备规格，主要是确定长度。一般旋转设备的标准尺寸为：宽55厘米，台面40厘米，1人占据宽度60厘米。长度根据房屋的长度和形状规格来确定。这些标准尺寸属于基本尺寸，可以根据需要进行调整。旋转模式也可以有很多不同样式，主要以节约空间、方便就餐、方便操作为原则。一般的样式都是一个规则紧密的椭圆形，也有根据房屋格局围成一圈的形状。

● 吧台模式。根据需求定制吧台尺寸规格。吧台模式一般呈U字形状，两边坐人，与旋转模式的唯一不同就是人可以进入U字口。一般的小规格尺寸为台面50厘米、U字中间过道50厘米。这些尺寸完全可以根据面积大小进行定制。

● 其他大物件尺寸。展示柜尺寸，长180厘米，宽50厘米，高180厘米；消毒柜尺寸，长60厘米，宽50厘米，高180厘米；饮品展示台采用2～3层台阶式，长120cm，宽60cm，高80cm；自助区域预留位置一般为200～300cm。

以上设备的尺寸只是最基本的标准尺寸，具体尺寸需要根据店面面积和需求来规划。

2. 厨房及其他空间所需范围确定

● 厨房尺寸根据店面面积来核算，如80平方米的店面，厨房在10平方米左右；80～120平方米的店面，厨房为10～15平方米；120～200平方米的店面，厨房为15～20平方米。根据店面面积，厨房可以多加5平方米以上。这只是一个参考，具体根据自身的需求增减。

● 通道、服务台及其他的预留。通道的宽度根据面积大小设定，一般的通
  道建议不小于 80 厘米。服务台一般为 1 ~ 3 米，根据总面积比例来算，
  建议不超过总面积的 5%。其他预留位置如儿童区域、等位区域等，可
  以根据情况考虑是否安排及安排多大区域。

掌握了这些常规的应有尺寸，接下来的图纸规划就能更精准，可以避免出
现座位间距过大或太过拥挤的情况。

4.3.3　第三步：前厅桌椅、前台规划

整体的规划分为前厅布局和后厨布局，先将这两方面规划布局到位，再按
照功能需求进行调整即可。

前厅设备一般指桌椅板凳、旋转设备、吧台设备，以及前台、自助区等的设备。

1. 桌椅板凳等设备

桌椅板凳的尺寸我们已经知道，此时需要根据整体面积来计算能放置多少
桌椅板凳。桌子的宽度 + 活动范围，建议 2.1 米为宜。长度根据自己的需求来选
择，一般以 4 人桌居多，当然 6 人桌、8 人桌和 2 人桌也常用。

如果是旋转设备和吧台设备，长度根据面积大小确定，对于宽度，只需要
将两边通道留足够即可。

除此之外，需要从布局的美观以及需求上选择隔断或装饰性的东西，而这
会占据一定的空间面积。

Tips：尽量以最为整齐的方式规划，比如桌椅板凳竖着放就都竖着放，横着
放就全部横着放，这样整体美观整齐，不会显得凌乱。如需要圆桌，可根据布
局规划放在中间或者包厢处。桌椅板凳设备的色调应该与主体色调相符合，相
搭配。

2. 前台（收银台）

从用途考虑：收银台一直以来都具有收款和接待的双重作用，因此，一般
选择设置在入口处，或者第一眼能看到的地方。

从空间利用考虑：一些不适合摆放桌椅板凳等设备的地方可以作为前台，
这样能比较合理地利用空间。例如，楼梯通道旁边、柱子旁边等。

从营销性考虑：前台是一个服务纽带，首先需要展现出餐厅的吸引力，因

此一般设置前台时都有背板，背板放置酒柜或形象墙；设计形象墙的目的就是让顾客从视觉上对餐厅的品牌、文化、消费、定位、档次有一个比较直观的印象。

从整体布置考虑：前台的形状可以多样化，方形、圆形、扇形均可，这需要与店面整体风格相搭配，色调方面也应该配合整体的色调规划。

前台的设备构成：台面、椅子、酒架、背景墙、收银设备、菜单展示、宣传物料等。

创新前台用途：前台的设计可以是传统的，也可以将功能和空间利用两方面相结合，比如西式快餐店将前台、取菜台、点菜台、后厨窗口等融为一体，既方便又节约空间。

前台的功能可以有很多，目前主要的是服务承接，因此"服务性"肯定是最为重要的。

4.3.4 第四步：前厅自助区规划

自助区是自助模式的餐厅必须规划的，是针对桌椅板凳类的自助火锅需要安排的部分。现在一些餐馆或多或少都会设置一些自助区域，一是为了增加吸引力，二是使就餐形式多样化，满足顾客的需求。

自助区的设置有很多种类型，比较常见的有以下两种。

1. 各种自助展柜

现在市面上有各种样式的自助展柜，可以根据自己的需求来安排布局。展柜放置的区域一般是既方便顾客取餐，又可以合理地利用一些无法放置桌椅板凳等设备的空间。柜体应选择更能体现出菜品吸引力的类型。

柜体的样式不同、摆放不同，体现出来的菜品吸引力也不同。小体积的建议靠墙放置，大体积的可以放在自助区中间区域，利于取菜，而且更有视觉冲击力。

常见的柜体有直立型，具有冷藏功能，能放 2 ～ 3 层菜品，每一层可以放置 1 ～ 2 排。这样的柜体一般尺寸为 1.2 米、1.5 米、1.8 米等。还有一些横版的柜体，类似于超市的冷藏柜，也具有展示功能。自助柜一般需要与消毒柜、自助料碗台、其他菜品设置架放置在一起，方便操作。如果地方有限，自助柜也可以与前台结合，将自助柜背面做成形象墙。这些都是一些小技巧，仅供参考。

2. 定做自助台

自助台样式需要自己进行定做，一般为凸字形状，最顶部放饮品，中间放菜品。也有一些普通的两层或单层自助台，一面靠墙。无论何种形式，都是以美观和提高空间利用率以及吸引顾客目光为核心来做布置规划的。

Tips：规划遵循4个原则：一是空间的合理利用；二是功能性满足；三是方便顾客操作；四是要美观，不要阻挡视线，影响空间视觉。

自助台从功能上划分，有安装冷气管道进行冷藏的自助台和单独自助台两种。前者成本较高，但保鲜功能好；后者成本低，但缺乏保鲜功能，这需要根据自己的需求选择。

无论使用哪种自助台都需要考虑这两点：一是菜品摆放的营销性；二是方便顾客，例如，将展台与餐具消毒柜等顾客用品放置在一起，方便操作。

如果是旋转小火锅或者吧台模式，可以不设置自助区，因为旋转带和吧台就相当于自助区。

4.3.5 第五步：通道、电气排风、消防规划

通道是连接前后厅、自助区的重要区域，规划好这个部分，有助于空间合理利用和操作的方便。

1. 通道

通道包括顾客就餐入座通道、顾客自助区域通道、厨房人员到自助区上菜品通道和其他需要设置的通道这4类。

顾客通道一般有两条通道需要考虑到位，一条是就餐入座通道，一条是自助区选取菜品通道。这两个是我们需要重点规划的部分。顾客就餐通道需要来往方便，不要过于拥挤，也不能太过空旷。规划原则就是以空间的利用和顾客的便利为准则。根据最小的面积来计算，一般也需要80厘米宽的通道才行。

相较于顾客就餐通道，后厨到自助区上菜品的通道可以窄一些，只要能便捷地到达即可。如果不是自助火锅，该通道可以与顾客通道合二为一。

其他的通道根据店面具体需求来安排，比如待客区通道、儿童游乐区通道，甚至额外服务区通道，这些通道可以与就餐区域隔离开来，也可以连通，根据具体情况而定。

2. 电气排风

电源的使用是很常规的，需要在规划时安排精确到位。用到电的区域有前厅的座位区域、前台、自助区域、后厨操作间等，根据店面的布局设置好电源。

一般的餐厅都是用电磁炉，也有用酒精炉、炭烧炉、卡磁炉的，但用电磁炉的还是大多数。

一般建议用三相电，因为如果前面提到的各用电区域同时用电，两相电是无法承载的。电的管理工作、开关控制系统需要划分到位，如管理灯光的为单独一部分，管理电磁炉的为单独一部分，管理自助区、后厨等其他区域的为单独一部分，这样如果某一部分出现问题其他部分不会受到影响。

"气"是后厨操作需要用到的，一般用天然气和液化气的比较多。这些硬性需求类的安排对于后厨的布局规划很重要。天然气一般都是在固定位置，因此我们将双眼煲汤炉设置于天然气旁边。如果使用液化气，则可以灵活布局。

排风是前厅、后厨都需要的，前厅主要是排除水蒸气，后厨主要是排除水蒸气和油烟。排风系统或具有排风功能的装置均可。小店面可用空调、风扇、窗户代替，大店面则需要专门的系统。

3. 消防

一般正规店面消防设施配备齐全，而且要经过验收。安装消防设施必须按照消防部门要求进行申报，而后进行施工，完成后需要通过验收才能营业。

在已经配备消防设施的基础上需要严格执行消防安全规章、保护消防设施、学习操作规范。消防设施不允许遮挡和私自更改。

个人可增加小型的移动消防灭火器，增强安全性。

Tips：我们在寻租店面时需要充分了解消防问题，如果没有消防设备或者验收不合格，不建议承租。因为个人安装消防设施投入太大，且不容易通过验收，消防设施验收不成功会耽误开店时间。

4.3.6 第六步：后厨区域规划

厨房一般需要设置在有下水道的地方，确保排水和操作便利。一般厨房都规划设置在比较隐蔽的地方，但也可以做透明窗口。厨房需要设置的东西如下。

1. 操作炉台

操作炉台可用气或电，上火猛，操作简单方便，解决了传统用具笨重、占地大的问题，而且效率高。

2. 置物台

置物台下面可以用几层架子隔开，这样可以有效地利用空间，而且利于物品分类。置物台大多数放在烤箱或者蒸箱的附近。

3. 平冷操作台

平冷操作台一般用于切配，其特点是简单方便、节省空间，能解决储存和切配摆放的空间问题。

4. 面案

面案材质以软硬适中的竹材为最好，其用途是辅助各种原材料加工为成品。面案建议放置在蒸箱或者烤箱旁边，操作管理更方便。

5. 蒸箱

蒸箱是将半成品的食材加工为成品，是加工很多熟食的主要工具。

6. 置物架

主要放置平时所需要的物品，落地式或墙体式都可以，优点是成本低、空间利用率高、方便操作。置物架一般与平冷操作台搭配，当然也可以单独放置。

7. 冰箱

储存保鲜，半冷藏半冷冻，根据需求归纳好食材，方便使用。

8. 菜架

采购回来的菜品可以放置在上面，且分类放置更方便切配操作。

9. 清洗消毒池、消毒柜

用于清洗消毒，保持厨房干净卫生。一涮二洗三消毒，做好各类厨具的消毒工作。两个设备放在一起配合使用，涮洗完的厨房餐具放入消毒柜。

10. 餐具柜

放置餐具，统一收纳，方便管理。

11. 烤箱、电炸炉、烧烤板

烤制食物，例如面包、饼干等部分食品经过烘烤更能散发其香味。利用这些设备可以推出更多的具有特色又受欢迎的菜品，丰富火锅店的自助品类。

12. 切割机

主要用于食材的加工，适合对各种形状的特殊食材进行处理。

13. 刨肉机

主要用来做肉卷，操作简单、方便移动。很多有特色的品类都可以在刨肉机上完成，做好品类搭配，可以增强视觉冲击力。

14. 微波炉

用于即时性的食物的加热加工和半成品加工。

15. 油烟净化器

一般来说，火锅店厨房比其他餐饮店的油烟少，但如果要保持清洁，油烟净化器也很有必要，这也有利于保障后厨操作人员的健康。

16. 保温汤池

有些食物需要保持一定的温度才能有更好的味道。保温汤池可以让成品食物的口感不会因温度变化而受到影响。

Tips：值得注意的是，厨房和卫生间一定要安排在有下水道的位置，如果只有一个下水道，而厨房和卫生间在一起，则需要尽量将门的位置隔开。

整体规划布局图例见图4-2。

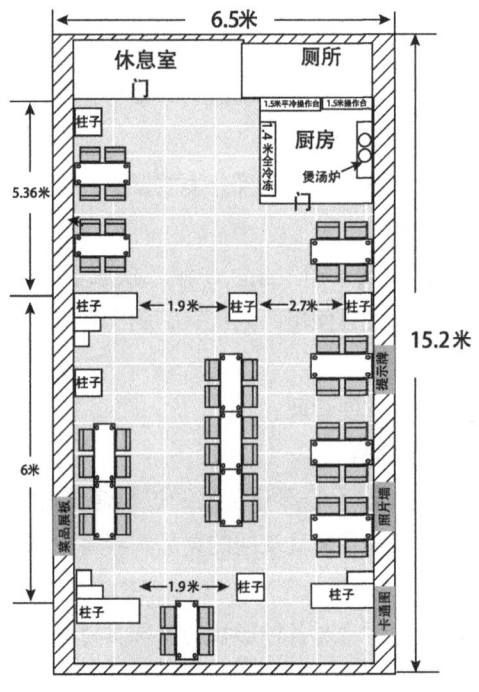

图4-2　整体规划布局图例

4.4　装修设计风格

整体规划布局图画完后，要进一步确定装修风格。确定风格首先要定下色调，色调确定后再安排其他事项。色调应根据餐厅定位来确定，例如，绿色比较适合以健康为定位的餐厅，咖啡色适合时尚定位，黑色或者灰色适合工业化定位。

因此需要选择符合自己定位的色调。

Tips：定位就是让别人一眼就看出餐厅的风格、消费档次和受众，而色调能直观地体现定位。确定好色调，整体的风格就有了一个大概规划，接下来就是具体的风格设置。

4.4.1 特色风格

Tips：特色风格是为了同其他店面形成差异化而进行的一种外在设置，同时也是吸引顾客的一种方式。在顾客没有入店体验消费之前，这是最直接的一个吸引点，它同时也可增强体验过程中的吸引力。

火锅店的特色风格有很多种类别，可以自己创新，也可以参照一些特色风格，或者请专业人员进行定位设计。最主要的是一定要知道自己是什么样的定位。例如，笔者的小火锅店定位就是青春文艺，确定了这个定位后，那么接下来就要考虑如何体现出青春文艺，而且还要具有特色，与众不同。

笔者选择绿、白、黑、黄这4种具有大自然意象的色调。

这4种色调常常3个为一组，很少超出3种颜色。3种颜色是美学色调和搭配里最好的色调数量，过多会显得凌乱，会造成视觉压迫感，起到反作用。这也是笔者提倡简洁风格的原因。

1. 色调搭配原则

● 冷暖搭配，不会显得刻板、单调而缺乏温和感。

● 大色调统一，装饰色调变化不会显得凌乱。

2. 特色风格体现4点

● 整体色调。特别的风格需要用有别于其他常规火锅店的色调来体现，可以跨界学习其他的商业体，比如书店、咖啡馆、服装店、网咖等，以获取灵感，但必须符合主题定位。

● 灯光。灯光是一个店面的主要风格内容，光所营造的氛围能起到画龙点睛的作用。因此我们在整体风格一致的前提下，要在灯的造型、灯光色调上面体现出更加独特的风格。现代风格可以选择钢铁线条造型的灯具，田园风格可以选择古藤造型，古典风格可以选用传统宫廷灯，萌系风格可以选取二次元产品造型灯等。光的冷暖要配合色调进行调节，冷色调适合暖光，暖色调宜用冷光。当然，灯具也分很多类别，如射灯、灯带、吊灯、吸顶灯、落地灯、壁灯、台灯、筒灯等，我们需要根据装饰的特点进行挑选，火锅店内比较常用的就是吊灯、壁灯、筒灯等。

● 装饰。装饰在火锅店内尤其重要，包括墙面的装点、店内隔断、花卉装饰及其他特色装饰，这些能体现并增强店内风格。现代风格一般配合灯光做一些钢铁线条简约的装饰，田园风格可采用一些花卉藤蔓作为装饰，古典风格可采用宫廷雕花隔断，萌系风格可选用一些二次元偶像人物、动漫人物进行造型装饰。装饰包括大厅桌椅周围、墙面、吊顶以及其他能利用的空间。

● 硬件设施。桌椅板凳、前台、吧台、自助区、自助台、待客区、锅具等就餐用具、工作人员服装造型、上餐工具等造型的选择。硬件设施在符合主题定位的基础上也需要配合整个氛围进行独特的造型选择，强化外在独特性。

火锅店目前采用较多的风格有中式风格、工业风、主题风、文艺风、民俗风、森系风等。其中中式风格比较常见，传统的火锅店大部分选择此类装修风格。在此基础上人们求新求变，拓展出了后面几种类型的风格。

这些风格特色化的变迁体现了消费群体不再满足于简单的口味，而更加注重环境的消费需求的变化，环境是消费体验过程中体验最为直接的方式。

4.4.2 常规中式风格

这是最为常见的一种风格，大部分的火锅店都是采用此风格。

1. 风格特色

比较厚重，大气沉稳，在中式传统商店的基础上增加了中国文化元素。

2. 色调特色

由于所用到的装修材料大多为木质，或者是仿木制，所以色调以深褐色等暗沉色调为主色调，或者以红色为主色调。

3. 装修特点

装修比较重视吊顶以及隔断的运用，看似比较厚重的镂空状隔断体现出品位和沉稳感。墙面一般也以板材作为主要材料，装饰以中式风格画为主。中国建筑历来以土木结构为主，因此装修大多以木材为主。

4. 设置分析

桌椅板凳通常也是非常典型的中式桌椅。一般选择中式风格的火锅店都是有一定档次的, 面向的消费人群也多是具有一定社会地位的、消费能力强的中年人。

中式的文化内涵是阴阳平衡, 对照呼应, 因此在装修中采取上下呼应、左右平衡、前后对照的方式平衡色调、选择灯光。中式风格装修大多数以中式传统花纹为主, 以方形为整体造型, 以圆形为主要装饰。

Tips: 中式格调的小技巧——如果实在不知道中式风格如何装修, 可以亲去中式家具市场转转, 有一些展示厅可以选看; 或者直接去中式餐馆就餐, 拍一些餐馆的照片作为参考, 观察装修的材料、灯光设置、布局; 或者效仿一些过去的建筑进行设计, 比如窑洞、旧居等。

4.4.3 青春文艺风格

青春文艺风格主要凸显的是青春气息、青春个性、文艺唯美, 主要运用绿、黄、白等颜色。要做好这类装修必须理解两个词: 青春和文艺。

1. 青春

对于这两个字的理解不必太过狭隘, 虽然青春代表年轻群体, 但越来越多的人提倡年轻心态, 因此我们理解的青春是一种生活态度, 并不仅仅代表年龄。将这样的概念运用于装修, 会更加具体、更能引起大部分人的共鸣。

了解清楚这个概念, 接下来需要了解什么能代表青春。鲜艳、明媚、健康、活力、简单、纯粹, 这些都是我们正向的思考。具体体现方式如下。

- 用具体物件体现: 具有回忆的, 代表年轻的、潮流的东西, 比如黑板、校服、自行车、潮流物件、玩具、涂鸦、娱乐物件、影像、工具、记录小故事的日记本等。
- 用元素主题体现: 初恋元素、邂逅场景、失恋语句描绘等, 选取某个元素主题即可。

2. 文艺

文艺是一种具备简洁简单的生活气息而又凌驾于其上的品位感。文艺的文就是知识文化, 艺就是艺术。我们通常所说的文艺青年、民谣青年就属于文艺认知领域, 他们的文艺是一种慵懒散漫的艺术气质在生活中的体现。我们在选取文艺风格的要素时，可以选择吉他、书本、音乐、花草或者素雅的色调，以及你认为能代表文学艺术的东西。

文艺在装修上只是表象化的体现，因此只需要把文人的那种气质用具体的色调、物件体现出来即可。最好的方式是悬挂一些文艺青年喜欢的音乐人、文学巨匠、演员的照片，再配合音乐、点缀花草，使整个环境充满诗意。

Tips：如果对于青春文艺风格仍旧把握不准，可以直接参照书店，按照书店的布局设置，将读书桌椅换成就餐桌椅，将一部分书换成装饰物。

4.4.4　工业风格

工业风格是一种新的装修风格。近些年人们生活日趋富足，新一代年轻人没有经历过工业变革，而老一辈又有一些怀旧的情绪，所以工业风格逐渐在火锅店里流行起来。此外，这种装修风格相对来说比较节省费用。

工业风基本上就是按照工厂的布置来设置，突出工业化的色调，从墙面到装饰多用一些金属色，接近于工厂机器的色调，有些火锅店更是用工厂的机器模型作为主要装饰。吊顶更加简单却不失时尚，一般采用的是水管、气管的模型，然后直接配以吊灯。

工厂风格一般有以下特点。

1. 材料

多以钢铁模具为主要装饰材料，突出工厂的机械感，整体都是用很直白的水泥钢筋做墙面和吊顶的处理。门窗是一些专门做旧的装饰材料；桌子一般都采用钢铁材料，凳子采用油漆桶或化工桶的样式。

2. 素材

以各种不同的管道、齿轮甚至炼钢炉等重型工业设备为素材进行装修，凸显出工业化的原始面貌。

3. 灯光

最为主要的是用灯光来塑造不同的工厂风格。这里的工业风比真实工厂要有格调，这个格调大部分是用灯光来体现的。设置灯光时一般中间暗一些，基本一张桌子一个灯，四周靠墙位置有很多射灯，这样整体光线比较暗，但不影响就餐，又给人一种时尚感。

Tips：如果工业风不好把握，可以直接依照旧厂房的样子来设计。如果你身边有这样的例子，可以取一些旧物件，如水管、机器、螺丝，将其裸露在外，形成装饰，重点仍旧是靠灯光营造视觉感。

4.4.5 时尚简约风格

时尚简约风格多采用一些有现代感的设计，例如，墙面以砖块体现，或者以涂鸦体现，加上金属质感的线条作为装饰。店内没有太多花哨的东西，整个空间是比较流行的欧美风，墙面是白色或其他简单的颜色，然后配合挂画、灯光，营造出干净、简洁又时尚的感觉。

要把握好时尚简约风格，需充分理解时尚和简约这两个词。

1. 时尚

时尚即潮流，有设计感，紧跟当下的流行风格。例如，当前流行大空间和玻璃隔挡，整个店面在这些造型设计上就需要花费较多精力。比如隔挡设计、桌椅板凳的设计和墙面的设计，需要体现其实用价值，而不只是为了好看。这样的时尚一般讲求实用的东西与周围环境相协调，美观有特色，而不只是关注装饰性。

2. 简约

简化繁杂的东西，完全依靠桌椅板凳、墙面灯光营造出足够的时尚感。去掉可有可无的装饰以及与风格不相匹配的装饰，将实用的东西做得简单有装饰性，例如，用桌椅板凳的别致造型打造简单的艺术感；在干净的墙面上打上灯光显出层次感。

Tips：黑色吊顶、白色墙面、灰色字、黑色灯罩、暖色灯光、灰色桌椅、黑白色块墙面装饰、深褐色地面，再放几个书架和几盆绿植即可形成时尚简约风格。

4.4.6 原生态风格

原生态风格一般档次较高，具有一些文化内涵。原生态大体有两大类，一大类就是农村民俗风格，另一大类就是纯天然的大自然风格。

1. 农家民俗风

以窑洞、山洞等旧民居为原型，墙壁大部分用最原始的泥坯墙石头进行装修，以农家的工具、农作物作为最简单的装饰物，采用仿造煤油灯样式的灯具，并配以连环画等具有年代感的东西。

各地民风、民俗各不相同，所用的东西也就不同。例如陕西西安，大多数用白羊肚手巾、红肚兜和皮影戏作为民俗特色。这一类装修注重的是对店面的整体装饰，所以针对民俗特点进行了夸大装饰。而四川会以川剧等元素为特色。

民俗风适合一些消费档次高且消费者年龄比较大的火锅店。一般大火锅店用得比较多，小火锅店很少有人用。

2. 纯天然大自然风格

原始风，大部分以森林或者大自然的颜色为主要色调，装饰便是以藤蔓、绿树、花草为核心，体现出原始的自然风貌。这类风格对装修材质的要求比较高，人工费用也比较高。

大自然风格突出的是一种环境氛围，因此在花草树木、假山石头、灯光布置上都要下功夫。不管是"小桥流水人家"的风格，还是"枯藤老树昏鸦"的氛围，抓住最核心的几个要点，装修就比较容易，但是无论如何装修，都要以布局为重，以方便就餐为主。

Tips：大厅与后厨依靠假山隔开，门口以花卉装饰为主；墙面和隔断用绿藤装饰，餐桌旁边放置小花卉，花卉间放置一些小动物模型；灯光暗一点；桌椅用铁艺或者木质都可以；墙角放置流水摆件，配合水流音乐；产品也尽量做成与植物相近的形态。

这类风格属于休闲火锅类，与酒吧风格是同一类，但更有中国特色。

4.5　装修实施要点

装修风格确定之后，就要确定实施步骤；确定好步骤，再来逐步实施。确定实施步骤需要按照重要等级来做。

4.5.1　一等重要条件：水电气

这是最为重要的硬性条件，装修时必须先把控好这点。水电气的安排都要满足火锅店的需求，而且都要做到方便就餐，方便操作。

1. 水

火锅店用水需要考虑两点：一是用水的方便，二是排水的处理，这是厨房和卫生间装修的重要部分。小店面厨房与卫生间的距离都比较近。用水方便是厨房提高工作效率的重要环节，排水畅通无阻保证了排污水的便利性和店内的卫生。

改造水管时需要根据厨房的布局规划，在水池、消毒池、煲汤炉等需要用水的地方布局到位。排水处处理好防水层，对于在楼上的毛坯房需要重点处理，多做几层防水层。

2. 气

厨房用天然气或者液化气比较多。液化气比较方便，可以挪动位置。天然气装好后不允许随意改造，需要由专业人员接通，再连接到各处需要用气的灶、热水器等。

3. 电

火锅店用电源分为两大类，一类是应用性电源，另一类是照明电源。根据电源功能在相应的位置留好插孔，在规划图上标注清楚，例如桌子规划好后，每张桌子都有一个电源（除非是不用电的）。所有的灯光电源根据规划设置。面积大的火锅店电源尽量采用三相电，将电源控制开关设置好，以方便操作为原则，不同开关管理不同的电源。

以上都是一些必备的硬性条件。一个店面的运营条件和状况要保持良好，前期的这些规划是十分重要的。

4.5.2 二等重要条件：功能性

消费者就餐方便、舒适，店面有吸引力，操作便利、管理简单、实用性强就是功能性的体现。

1. 硬性功能：硬件

设备和灯光都属于硬件。桌椅板凳的布局影响着空间的利用率以及顾客就餐的体验感，好的灯光设置能让店内有更好的氛围。

桌椅板凳布局可以根据不同人群的需求来设置。如一个人、情侣、一群人、一个大家庭对桌椅的需求均不同，可设置双人桌、4人桌、6人桌等不同人数的桌椅；对特殊人群如婴儿、儿童、残疾人等，根据情况分别设置婴儿摇篮、儿童桌椅、残疾人桌椅。提升服务型的硬件设置，例如手机充电设备、遮挡油烟蒸汽设备等，带动服务升级。

灯光布局一方面能体现环境美感，另一方面能增强食物吸引力。

Tips：灯光的装饰布局应遵循明暗交替的原则，墙面灯光可以打亮，体现装饰：就餐灯光以不影响就餐为前提，光线柔和，体现食物美感。手机充电设备，以及卫生间、排队等候区、取菜区、摆放菜品区、结算区等都属于硬件设置。

其他区域的硬件设置如等候区、自助区、卫生间以及其他配套区域，以利于服务为原则。

2. 软性功能：舒适感

软性功能更多地体现在顾客对环境的认同以及服务秩序上，所以店面在装修布局时从风格的搭配到服务员的设置都需考虑到位。软性功能主要包括服务员能更好地服务、顾客有问题能更方便地找到服务员、顾客能更方便快捷地点餐、顾客能及时得到问题反馈、顾客能更愉快地就餐等方面。所有的软性功能以顾客为核心设计、以方便服务为要求设计。声、色、味这些软性功能的设置相当于是在必需的硬件基础上进一步的人性化设置，例如轻音乐的配合、灯光和味觉的配合。

功能性的布局需要切合实际，根据需求进行，而并非只关注个人审美。

4.5.3　三等重要条件：营销性

装修布局的营销性是经常被忽略的部分，甚至大部分人都没有这个概念。大多数人对于营销性的理解只停留在宣传单和宣传活动上，并没有从装修角度考虑。

装修布局的营销性也相当重要。

Tips：相同东西的不同布局对顾客形成的吸引力是不同的。例如，自助区一般都是一进门就能看到很多的菜品；单点区一般将产品图设置得非常显眼；高档餐厅将企业的标志和文化墙做得十分吸引人；低端餐厅将价格优势标注得特别明显。

装修一般遵循的营销性：将店面最吸引人的部分、消费者最在意的部分、餐厅最大的特色放置在最显眼的位置，对顾客就座的地方目光可视处、顾客在店内会去的地方做好吸引性设计。这些设计必须体现出餐厅值得顾客选择的理由，这就是装修布局的营销性。

Tips：小王的店最吸引人的是一款新推出的鲜花火锅，于是他在装修时以鲜花为核心，做了很多布局。门头以鲜花为装饰，进门最显眼的地方展示着鲜花锅底，并且形象墙上写了一句话：这种美，你能吃得到！小王还专门设置了一个与鲜花合影的区域作为背景墙，顾客可以拍短视频发朋友圈。

需要注意以下两个装修布局及营销性准则。

1. 视觉无阻挡准则

店外看店内的视觉应该是遮挡还是敞亮，这一观点随着火锅店的变迁已经没有什么争议：大多数人支持敞亮，让店外潜在顾客看到店内的环境和生意情况进而影响他们的消费决定。如果过分遮挡会使店外潜在顾客不知道店内情况，没有任何参照会令他们在选择时产生犹豫。如需要遮挡，建议用半遮挡的方式，不影响店外顾客的视线，也满足店内顾客所需。

2. 视觉遮掩准则

这个准则用在隐私保护方面是十分必要的。有些店面是落地窗户，四面透明，建议遮挡落地窗户下半部分，这样可以遮挡顾客部分隐私，让人有安全感又不影响窗外视线。另外视觉遮掩准则适合用于一些聚会性质的大桌子，可以采取隔断进行遮挡，从而满足顾客小范围私人化交流的需要。

在规划物品摆放及各种装饰细节时要有营销的概念，而不只是为了好看，要从顾客的角度来规划。包括店内一些宣传物品的设置，要把你想传递给顾客的和顾客在意的完美结合起来。

4.6 装修省钱须知

装修费用分为两大块：一块是材料费，另一块是人工费。要把握这两块费用需要先掌握一些装修的知识，了解市场行情。除此之外，还有一个易被忽略的影响费用的因素，即因为没有整体观念而造成的装修浪费。减少浪费，就是省钱。

4.6.1 装修就像化妆：抛弃"局部灵感"，养成"整体观"

火锅店也需要靠"颜值"，但是如果没有一个整体观，不但装修花钱多，而且还不一定会装修好，如果不从整体来考虑，而是只考虑局部因素，那将会造成许多浪费。比如，喜欢蓝色墙纸，且一定要蓝色，墙纸出来了，但吊顶显得不好看，改；吊顶出来了，地板不搭配，改；地板改了灯光不搭配，改；灯光改了桌椅板凳不搭配，改。最后钱花了不少，却弄出个"四不像"来，非常难看。

如果有一个整体观就不会出现这样的浪费，这就是提前设计的重要性，一切按照图纸走就比较标准。

Tips：对餐厅进行整体的考量后再来进行装修，不要只考虑局部。把地面、墙面、吊顶、隔断、桌椅板凳的所有色调都考虑进去，看是否搭配，确保既不单调又不杂乱，而且这样也容易估算材料费等费用。

4.6.2 装修就像穿衣：高格调未必会多花钱

很多人在餐厅的装修上有很多想法，却又无从下手。初期想法非常美妙，恨不得把所有的创意都加进去，但是等到实施时才发现，其实很多都实现不了。原因有两个，一个是费用问题，另外一个是整体效果。

以笔者从业这么多年的经验来看，餐厅的装修风格无论如何变化，高格调主要在于巧妙而富有艺术感的色调搭配，并不在于用多高档的材料。好的餐厅装修有时候还会很灵活地因地制宜，结合现有条件进行再创造，做出惊艳的效果。"轻装修重装饰"是目前比较受欢迎的一种装修理念，与我们所提倡的"小而美"不谋而合。好的设计师都有很好的色调美学观念，他们会先确定色调，再考虑利用什么材质才能搭配这样的色调。

高格调省钱策略的把控应遵循以下原则。

1. 确定好简约的色调

色调越简约，统一性越强，所需的材质就越少，而且更上档次，花费也更少。某些色调本身就有一种高级感，如咖啡色以及灰白色，这些色调在其他领域使用得比较多，用在餐饮方面则能凸显档次。

Tips：格调高又省钱小技巧——同类色调换材质，有些 PVC 材质也有木纹感；同类墙面换方法，同样是灰色墙面，有贴墙纸和刷漆两种方法，可采用性价比高的；同类风格换造型，有些造型风格相似但造价不同；同类风格换色调，色调越简单越好，一定要统一，在同一色调基础上不超过3种颜色；多做软装少硬装，硬装是固定的，要少做，多做桌椅板凳等可动软装，以装饰为主。

2. 确定好简约的样式

并不是说高格调一定要样式比较复杂才行，统一的样式能给顾客更强的整体视觉的包围感，更容易吸引顾客。样式简单、造型简单，费用自然少。能用摆件就无需用造型，一般装修时造型的工费是比较高的。

3. 确定好灯光

再难看的东西经过灯光的处理都能展现出截然不同的效果来，因此不要忽视灯光的作用。任何视觉都是靠光来传递的，例如，我们平时逛的服装店，有些店面看起来就很高档，原因在于灯光的照射让人觉得每件衣服都很不错。从人的视觉上讲，在店内这样密闭的空间，光线起到了美化及遮掩的作用。

把控好以上3点，就可以用较少的钱装修出一个高格调的店面。

4.7 产品确定

火锅产品分三大类，也叫"火锅三大宝"，即底料、蘸料、菜品。

确定产品就是进行内在定位。档次不同产品也不同，提前确定好产品的种类和数量也是前期筹备的一个重要部分。确定产品才能确定前期的采购工作。产品确定应把握两个原则：一是符合当地人的口味和习惯；二是突出鲜明的特点。

4.7.1 确定火锅底料

底料分为底料本身和熬制的汤底，两者同等重要。底料是火锅店的核心，会直接影响到顾客对口味的评判，影响到店面的生意，因此这是特别重要的部分，我们需要结合众多因素来确定。

1. 口味确定

地区不同口味不同，需要结合本地区人群口味特征进行底料口味的确定。火锅虽然说以麻辣为主，但麻辣也分很多种类型。从原材料上分有清油火锅、牛油火锅两种；从口味上分有麻、辣、鲜、香四种味道；从种类上分有不同食材构成的不同火锅类别，例如羊肉火锅、兔头火锅、鹅火锅、毛肚火锅等。这些分类由各地区人群的口味决定，全国大致可划分为以下八大味区。

- 陕西、山西、河南等地的口味相似，食盐多、味型复杂多变、口味重，偏爱酸辣味。

- 河北、山东、辽宁、黑龙江、吉林等地，食辣较少，部分地区也食盐多，东北、山东口味更相仿，喜吃酸菜味道。
- 重庆、四川地区以牛油为主，红油浓厚，重庆以辣为主、麻为辅，四川以鲜香麻辣为主。
- 广东、深圳、广西东部地区，少辣，以清汤为主，外来人口较多，因此口味也较为复杂。
- 云南、贵州、广西西部地区，口味偏辣，麻为辅。
- 湖南、湖北，以辣为主，不喜欢吃麻味，部分地区不喜欢吃酸味。
- 上海、浙江、江苏等地区，少辣，麻辣口味较淡，多以清淡为主，多糖。
- 宁夏、青海、新疆、甘肃等地区多以辣为主、麻为辅，也较为喜欢酸辣味，口味较重。

对这些特点进行分析后确定底料口味。若要创新，首先必须遵循当地的消费习惯，在此基础上再谈创新。

2. 种类确定

底料的种类很多，而且随着火锅行业的发展将会有更多的口味被研发出来，以满足多样的市场需求。一个店要推出多少种底料口味需要根据店面面积、投资金额和消费水平来确定。口味种类多样化更能吸引顾客，但也容易给顾客造成多而杂的感觉，给后厨的操作提出更多要求，无形中提高了成本。因此这种取舍需要在进行市场分析后进行取舍。一个品类也可以，丰富多样化也有优势。

Tips：目前，火锅的常见口味种类有麻辣、三鲜、酸菜、番茄、鲜椒、菌汤、咖喱、水果、海鲜等，这些口味适合各种不同类别的大火锅、九宫格、鸳鸯锅、小火锅等。

3. 来源确定

底料来源有以下4种：加盟总部提供、自己炒制、请师傅炒制、从厂家购买。底料来源把控主要是把控口味、产品质量以及成本。我们应遵循的原则是：产品正规、资质正规、原料正规、口味符合、口味特色。

目前，火锅市场上的底料产品质量参差不齐，有些违规的产品会引起食品安全问题，例如大量的添加剂、原材料来源不正规等，因此需要遵循以上原则，避免给店面带来不必要的风险。

个人炒制也需要符合卫生许可标准和食品安全标准，把控好材料源头，把控好口味。底料炒制所需的原材料必须从正规产地或调料市场采购。

4. 汤底确定

一般优质的火锅底料都需要配合新鲜熬制的骨头汤，才能显其绝佳的口味。汤底熬制的关键在于原材料骨头的选择，以及熬制的时间和火候。骨头汤有很多种，不同的骨头汤搭配底料出来的口味也有不同。牛骨是比较常用的，其他的一些家禽类也可以选择。

4.7.2 确定火锅蘸料

火锅蘸料是吃火锅时的配料，作用和咖啡伴侣一样，有些时候其作用甚至超过了火锅底料。蘸料在"火锅三大宝"里排位第二。我们在确定蘸料时主要确定以下 4 点。

1. 确定蘸料口味

与底料一样，每个地方的顾客适用和喜欢的蘸料是不同的。我们所熟知的四川、重庆地区的顾客无须其他蘸料，就只需要一个油碗，油碗是蘸料的一种。蘸料的口味非常多样化，尤其是小火锅发展起来后，各地区特色的蘸料口味非常多，每年都会涌现出来很多新的类别，这也是火锅创新最多的一部分，也是最吸引人的一部分。不同地区人群习惯的蘸料口味各不相同，这就是我们首先要确定蘸料口味的原因。

Tips：随着市场发展和火锅种类的发展，蘸料从之前简单的油碗和芝麻酱，发展出了咖喱酱、油鲜酱、酸辣酱等。对于这些类别，我们需要充分了解当地人的口味习惯后进行选择。

2. 确定蘸料数量

需要准备多少种蘸料要根据面向的消费者来确定，并不一定是越多越好，也不能是单一蘸料。从店面的档次和面积成本考虑，一般蘸料需要有 3 种以上供顾客选择，以满足顾客的需求。

3. 确定蘸料来源

蘸料来源有两类：从厂家采购、自己调制。从厂家采购的蘸料可能比较齐全，我们只需要把控好质量即可；自己调制一是需要技术，二是需要把控好材料来源。比较常用的蘸料是芝麻酱，而芝麻酱的产地、质量决定了口感的。因此，必须把控好来源，保证口味。

4. 自助火锅的蘸料确定

很多自助火锅的蘸料都是可以自己动手调配的。商家将基本的蘸料做好放到自助区，再准备好一些配料，顾客可以根据自己的喜好进行调配。这个环节是火锅店平时都应该重视和加以利用的环节，也是能增强顾客参与感的环节。这样有助于增强顾客与餐厅的互动，如同陶艺吧、茶艺馆等，带动顾客参与，增强他们的成就感。

举例 笔者有个朋友开火锅店，专门对自助区进行了重点规划，将自助的原料做成半成品，分类放好，并标注清楚，自助料台旁边以及墙上都有合理搭配的说明，顾客可以根据说明进行创造搭配。很多顾客带着小朋友来吃饭，便会带领小朋友进入蘸料互动区进行料碗的调配，小朋友既学习了知识，又增加了乐趣，寓教于乐。而且体验区单独收费（1元），这对于餐馆来说也是挺好的收入来源。当然重点并不在此，而在于这个过程。他将这种自助互动区与正常的蘸料自助区分开了，正常的都是调配好的，顾客可以直接拿走。这种可选择性就照顾到了不同需求的顾客。

相较于四川、重庆，其他地区的顾客蘸料的确定特别重要，因为很多顾客需要通过火锅底料与蘸料的调和来体会吃火锅的乐趣。蘸料的丰富会增强产品的吸引力，蘸料的口味会提升火锅的口感，蘸料的别致会增强产品的独特性。有针对性地确定好蘸料是进行产品定位的重要环节。

4.7.3 确定菜品

底料、蘸料确定之后就是菜品的确定。菜品是"火锅三大宝"之三，是火锅产品中很重要的一部分。火锅店的特色除了口味之外，还有菜品。火锅菜品最大的特色在于食材本身的魅力，而非加工而成的菜品。这也是火锅店区别于其他餐馆之处。火锅在食材的处理上虽少了一道工序，但对原始食材的质量要求比较高。

在确定菜品时，需要根据定位、底料种类、当地人消费习惯、成本、特色这五个方面进行判断。

1. 根据定位确定菜品

定位的档次不同，所包含的菜品的种类、数量就不同。从定位开始确定菜品的种类和数量，这是第一个步骤，也叫菜品设计。菜品设计是整个餐厅有无盈利的关键所在。高端消费的地方菜品一般呈现多样化，而且都是质量较好、成本较高的一些菜品；消费低端的菜品一般是成本较低、种类比较单一的。定位不同，确定的菜品就不同。

Tips：火锅涮品类别十分丰富，几乎所有的食材均可以用来涮火锅，但我们开火锅店需要根据自己的定位来选择相对应的菜品。菜品一般分为特色的"镇店之宝"，即做宣传、常吃的必点之菜（满足大众），"爆品"食材（用来引流），辅助菜品（用来丰富种类）。

2. 根据底料种类确定菜品

底料不同，搭配的食材菜品也不同，有些底料搭配的食材比较独特，因此根据底料的不同来确定菜品也是很有必要的。底料种类多，食材菜品相应也需要增多；底料种类少，菜品可以更精致、更有针对性。

3. 根据当地人消费习惯确定菜品

弄清楚当地人喜欢吃哪些菜和食材，不喜欢吃哪些，将当地人喜欢吃的食材作为重点确定，不喜欢吃的简化或去除。

4. 根据成本确定菜品

成本高的可以适当进行选择，成本低的可以优选，当然两者也可以搭配进行。成本与利润本身就是一把"双刃剑"，需要做好菜品的选择和平衡，才能做好菜品定价。

5. 根据特色确定菜品

特色是必不可少的，有些火锅店甚至完全以食材为特色进行包装，例如鱼头火锅、兔头火锅、毛肚火锅等，都是以特色食材为卖点。我们在开店时也要有一个或者多个特定的特色食材作为主打，一方面能增强吸引力，另一方面还能增加宣传点，获取更多利润。当然，这个特色也可以根据火锅店的定位来确定，比如很时尚的店，可以加入雕花食材；如果是以素食为主的店，可以加入看起来很素雅的食材。

确定菜品也是补充、完善店面定位的一部分。菜品的选择会影响到利润和平时的管理，因此需要根据店面综合因素进行准确的菜品设定。

4.8 菜单设计

确定好菜品之后，一个很重要的步骤是菜单的设计。菜单不仅能展示菜品，还是顾客了解产品的重要途径，因此我们在设计时必须把握好条理性和要点。无论是菜单的外观还是内容设计都要符合店面形象，使之具有较强的吸引力和较强的营销性。

4.8.1 菜品的总体设计规划

在内容的体现上，首先需要将菜品大体的类别规划出来。这有助于体现菜单的条理性，也有助于突出重点。菜品总体功能设计要分5个部分。

1. 常吃必备的菜品

吃火锅必备的菜品，例如毛肚、肉卷等这些是必备的，也是最为常见的。在这些方面可以做好品类价格的规划，计算好成本，大部分火锅店都将利润规划在这一部分，但也不是绝对的，需要根据店面的实际情况来设定。

2. 辅助菜品

辅助菜品有两种作用：一是用来凸显特色菜，跟特色菜形成对比，让消费者愿意点特色菜，既可以从价格上进行区别，也可以从独特性上进行区别；二是用来丰富菜品种类，让大家觉得菜品丰富不单调，可选项比较多。这部分菜品不是以获取利润为目的，因此都比较普通，只是为了增强点菜时的视觉丰富感。

3. 压缩增加成本的部分

用来调整、替代的菜品，这部分菜品是经过各方核算后，无论是否受欢迎成本都较高。这一类菜品根据受欢迎程度进行同类替换，或者直接压缩减少，控制数量。

> Tips：有些菜品看似很受欢迎，但没有多少利润，只是用来增加人气的，这类菜品可以适当地进行同类替换；而有些菜品成本高也没多少人气，但又必不可少，只是用来增加丰富感，这类菜品也可以采取同类替换，或者缩减，用其他的菜品来补充。

4. "镇店之宝"特色菜品

所谓特色菜品就是别人店中没有的，或者别人店中有而你的店中却与众不同的菜品。特色菜品是重点推荐及利润率较高的菜品。这类菜品一是有极强的吸引力；二是成本不一定很高；三是受欢迎，可打造成"镇店之宝"。这部分菜品是我们需要重点选择的，一般"爆款"产品就出自这个类别。这需要根据市场以及消费人群特点来集中确定。

5."爆款"菜品

以高性价比或者以食材本身价值为引爆点，用来吸引顾客消费的爆款菜品，其作用主要是引流。将菜品作为活动，造成客流量爆满的现象，再进一步引导顾客消费其他品类，或者办理会员卡。这部分菜品也不是以获利为目的，而是为了获得更多顾客资源，沉淀数据。

以上5点是菜单规划的第一步，也是整体的思路统筹，让投资者在开始做的时候明白面对具体的菜品应该如何调节。

4.8.2 单点菜单设置技巧

菜单从形式设计到内容展现上都有很大的技巧，菜单策划是餐饮业非常重要的一个环节。不建议直接交由小广告店套板去做。

一个好的菜单，首先要从图片和内容设计上吸引顾客，如快餐店一般把菜品做成灯箱放于点餐柜台上方，让顾客边看边点。这是西式快餐一个非常好的设计，现在国内很多店面也在模仿。

无论是什么形式的菜单，一定要充分展现菜品，引导顾客点餐，设计者可根据以下4点来做。

1.特色主推菜品的重点展示

我们上一节讲到了菜品的五大类别，即必备菜品、辅助菜品、可调控菜品、特色菜品、爆款菜品，在设计菜单时这个顺序刚好颠倒，先从爆款菜品做起，而后是特色菜品。特色菜品是我们的主推菜品，在整体设计时需要将这类菜品作为重点，如将图片放大，充分展示出该菜品的视觉特色；也可以将此特色菜品背后的文化、故事单独展现出来。这样的展现方式顾客会比较感兴趣，能很快引起他们的注意力，服务员再配合进行引导介绍，会获得更多青睐。

2.利润菜品的巧妙布局

整个页面设计时，将顾客看菜单的注意力划分研究到位。把顾客容易注意到的前面部分留给利润比较高的菜品，将其作为重点的注意力规划区域；将一些成本较高的菜品放在不起眼的地方，甚至可以用小一号的字来做标注；对于价格高而且利润也同样高、可能有些顾客不点的菜品，在标价时可以巧妙地利用心理学原理，比如将"30"标注成"29.9"，这样的数字给人的感觉更好。

以利润为导向、配合受欢迎菜品的搭配进行设计的菜单，才是一个比较合格的菜单。

3. 风格符合店面定位特色

菜单页面的设计一定要符合店面的定位特色，若风格与店面不搭，会使消费者困惑不解，甚至造成心理落差。这里说的风格符合是指设计色调、字体风格等要看起来一致。

菜单是一个火锅店的名片，它既可以挂在墙上，也可以成为宣传单。大部分火锅店的菜单是一次性菜单，纸张比较简陋，尽管是一次性的菜单，但也建议按照上面的方式设计到位。点完餐，下完单，菜单可以让顾客带走。菜单在设计时建议附上二维码，方便顾客关注火锅店公众号或者微信号，便于进行顾客信息管理。

4. 制作电子菜单

电子菜单将会成为一种主流，因为它成本更低，随时可以调整，带有互联网餐饮属性。结合互联网社交模式的点菜更加客观，例如，可以让顾客根据购买次数、分享次数、价格、特色度、评价等因素进行选择。这样的菜单设计只需要做好图片处理即可。电子菜单可以随机点菜，并有付款、点评的功能，可以通过展示上一位顾客的消费菜单来解决部分顾客点菜量不合适的问题。电子菜单的智能化推荐也很重要，应根据顾客的点菜习惯形成智能化菜单，也可通过"一键下单"功能，使老顾客不再重复点菜，还可随时将新菜品推荐给许久没来就餐的老顾客。

菜单设计布局示例见图4-3。

菜 单 示 意 图

爆款菜品 引流	特色菜品 利润	辅助菜品 对比
常点部分	调整部分	补充部分

图4-3 菜单设计布局示例图

4.8.3 单点菜单菜品设置

除了功能性的内容设置外，我们必须了解具体的菜品类别，一般火锅店将菜品分为涮品、酒水、主食三大类。根据这些大类又可以分很多类别。为了方便顾客点菜，个人建议划分得越简单越好，但前提是类别要清楚，再配合个人单点推荐套餐进行设置，避免有些顾客掌握不好菜量而点得过多造成浪费或预算超标。

Tips：菜单上的菜品顺序一定要跟店内产品展示的顺序一样，这样顾客看看手里的菜单，对照店内的展示菜品更方便点菜。例如，主推菜品是毛肚、牛肉、豆皮，在菜单的同样版头位置就是毛肚、牛肉、豆皮。常规的菜品有以下类别。

（1）涮品类：肉类、滑类、海鲜类、丸子类、菌类、素菜类。

（2）肉类：手工肉类、肉类副产品类。

（3）滑类：墨鱼滑、虾滑、鱼滑、牛滑等其他肉类滑。

（4）海鲜类：虾、鱼、扇贝、蟹、牡蛎、蛤、贻贝、墨鱼、鱿鱼等。

（5）丸子类：虾丸、鱼豆腐、蟹棒、撒尿牛丸、墨鱼丸、章鱼丸、桂花肠、亲亲肠、水晶包、虾饺、火腿等。

（6）菌类：蘑菇、金针菇、香菇、黑木耳、油菇、榉树菇、猴头菇、榛菇、茶菇、牛肝菇、石耳等。

（7）素菜类：豆制品、粉类、青菜类。

（8）酒水：特色制作饮料、自酿酒水、成品酒水。

（9）主食：特色加工类、面食、小吃等。

（10）其他的创新特色菜品。

每一类菜品都可以根据店面需求再进行细分，所有的特色菜品也都是在这些类别基础上对原材料进行独特的处理和包装后产生的。

但并不是说就一定要按照这个类别来分，在菜单内容的排列上还是需要遵循 4.8.2 中所说的技巧。

4.8.4 菜单菜品价格确定

菜品的价格需要在充分调查市场动态后再来决定。一般情况下，我们从以下3个方面即可做好菜品的初步定价。

1. 根据菜品的食材成本定价

所有的定价都必须包含成本，我们所说的成本并不是食材的进货成本，而是包含所有环节的成本。例如1份肉，其包含的每个环节的成本有食材本身、运输、损耗、人工、切配、成品消耗、税金等，这些都需要计算在内。

当然，定价并不能完全以高于成本即可的粗略方式进行，还要结合利润率进行核算，这个利润率应该以行业里的平均利润作为参考。

举例 火锅行业1份肉菜利润率在55%以上，当1份肉菜的成本为22元时，我们在成本的基础上就能算出需要的定价大约为34元。这样的定价是在市场规律下将利润率与成本结合做出的判断，这样的判断更符合一个餐厅的客观情况。

2. 根据竞争对手的情况定价

参照竞争对手的菜单是比较简单直接的定价方式，其利润大小、特别受欢迎的菜品、菜单模式和设计特色，都是可供参考的。重要的是，可以根据竞争对手的情况来制订具有竞争力的价格策略。

- 低于竞争对手的定价原则。需要综合分析哪些菜品适用此类方法，建议常见的菜品采用这种策略，因为常见的最容易引起顾客关注，从而起到降价效果。另外，降价的菜品一定要是成本较低的，有一定成本优势的菜品就可以降价，给自己留够利润空间。
- 高于竞争对手的定价原则。主要包括特色菜品、竞争对手没有的菜品、竞争对手质量差的菜品，这3种情况可以提高价格，从食材品质、特色入手，让顾客明白定价高的原因，使他们更能接受。
- 等同于竞争对手的定价原则。定价与竞争对手完全相同，或者部分相同，并从环境、卫生等方面提升竞争力，这样的性价比更有竞争力。
- 其他定价原则。不同位置定价不同；相同位置、不同环境定价不同；相同位置、相同环境、不同知名度定价不同。

3. 根据顾客消费能力定价

顾客消费能力是影响定价的重要因素。低端消费定价高或高端消费定价低都不合理，前者会因为顾客负担不起而不消费，后者则会因为定价低而被顾客误认为质量不好而不消费。因此，做顾客能消费得起的，做他们能接受的，做他们最在意的，这是餐厅界应该记住的一个规律。

同一品牌开分店，在不同地方定价也应不同，不必担心会影响品牌统一性，因为不同地方的消费者关注点不同，有些在意价格、有些在意品质、有些在意环境、有些在意服务、有些在意健康、有些在意形式。因此，不能一概而论。

菜品定价切忌依照自己的想法，而应根据具体数据和现实情况来定，一旦确定，除了小范围菜价上涨外，不要频繁变动价格。

4.8.5　全自助菜品设置

确定好自助价格范围，便在此价格范围内考虑菜品种类、菜品数量、菜品成本、单人消费菜品成本、竞争对手菜品等，这几个因素是确定自助菜品价格的要点。而自助菜品价格影响到利润，利润来自自助价格减去人均消费成本（预估值）。

1. 成本

粗略核算菜品进价、成本、个人饭量，一般按斤计算。假如1个成年人1顿吃1斤饭菜，按照单品成本不超过定价成本原则，需要先算出1斤最贵的菜多少元，假如为10元，那定价就需要高于10元，否则只能降低菜品成本。

细致核算要在粗略核算的基础上，根据运输、配送、加工等店内各环节成本，以及利润率来确定一个值，而菜品采购价格不能超过这个值。

这就是自助餐制订菜品的原则。如果自助菜品设置得好，即使菜品数量超过计划，也不会亏本。

2. 定价

自助餐定价是通过计算人均消费水平、所有固定成本和流动成本，预计店面每日客流量，从而推算出定多少钱能保本，多少钱能有盈利。

例如，我们经过计算，每日的所有支出需要500元，每日可能达到的客流量为50人，那么我们定价在每位10元即可保本，这是基础线，然后根据食材及其他消耗成本等计算，我们可能需要每位20元才能有盈利。当然，这个价格最终还需要参考市场来确定。

自助餐定价与店面所在的地段、装修档次有关系，其实这正是要进行消费市场分析的原因。在不同地段，店面所处位置不同、房租不同、装修成本不同、消费群体的消费能力不同，因此定价当然就不同。

确定整体定价后，再确定菜品就更容易了，不同的价位所带的菜品数量和种类都不同。例如定价 10 元，配 30 种菜品，价格高的占 5%；定价是 20 元和 50 元，配 100~200 种菜品，价格高的占 10%~15%。

自助火锅最大的利润来自菜品的调控、客流量的增加和服务员及后厨成本的减缩等方面。所以无论顾客饭量如何，自助餐亏损的现象很少。

3. 竞争者

在同一片区域，需要详细了解竞争对手的定价和菜品数量、种类，了解他们的经营状况和消费群体的实际消费能力，根据这些来调整和确定自己的定价和菜品。

详细分析竞争对手的菜品特点，了解他们有哪些菜品，他们最受欢迎的菜品是哪些，以及他们的食材进货渠道等。设置更吸引顾客的菜品种类和数量，配合口味，才能形成竞争优势。

自助火锅的菜品设置更加需要在总量和单量上花费心思，把握二者的平衡。单点火锅只需要在单个菜品上花心思，进行更有利润、更吸引人的调整；自助火锅的单体利润远远低于单点火锅，但总利润就不一定，因为后者偏向于单体利润，而前者偏向于靠总体人数。相对来说，单点火锅更注重品质，自助火锅更注重经济实惠。

4.8.6　半自助菜品设置

半自助，顾名思义，就是自助与单点的结合。这样更有利于产品的经营和利润的提高以及成本的控制。对于顾客来说，想要经济实惠、好吃不贵的，可以吃自助里的所有菜品；想要吃好一些的，就可以单点。例如，在一个自助定价为 30 元的店面，顾客如果想吃上好的肥牛卷、羊肉卷、阳澄湖大闸蟹、大虾、深海鱼头等菜品时，就可以单独点。这样可以给顾客提供更多的选择空间，满足"吃实惠"和"吃品质"两方面的需求，也能保证利润。

> Tips: 半自助菜品菜单比较好设置，只需要将单点的菜品单独做成菜单或者展示牌进行介绍即可，其他的菜品可以放在自助区让顾客自选。

半自助是现在很多小火锅店常见的模式，优势是操作灵活、方便。这样既有自助又有单点，在满足不同消费阶层的同时，也能满足顾客在不同时间的不同需求，比如顾客吃常规的自助吃腻了，可以单点品质比较高的海鲜。此外，半自助也能满足一些社交需求，例如请男（女）朋友吃饭，可以单点品质较高的菜品。

火锅店独有的特点，就是菜品多样化，它可以满足各种需求：刚需、社交和休闲。

4.9 如何打造爆款菜品

爆款菜品是特色菜品的延伸，这就要求我们对自己的特色菜品进行进一步的挖掘、提炼、塑造、包装、宣传。打造爆款需要在以下5个方面下功夫。

4.9.1 挖掘食材的意义和价值

每种食材从生产源头到加工都有其独特的地方值得我们去挖掘。产地不同、水质不同，产生的食材也有不同，这就是对食材意义的挖掘。通过这些再挖掘出食用价值，即营养口感等方面的价值。

举例 味图腾火焰牛排煲，以精选秦川牛腱子肉为材料，配合秘制配方，经过炖煮，利用醇香酒火焰使其散发醇香；经过火焰芯将气与味浸入牛肉里，让肉质嫩而劲、柔而香，使牛肉达到很好的肉质状态和营养状态。汤底精选纯粹牛排骨，含有丰富的胶原蛋白和钙，富有人体所需的多种营养，汤底浓厚。

味图腾火焰牛排煲在刚开始时并未获得很多关注，为了拓展市场，他们决定从食材的意义和价值方面挖掘亮点，让顾客更多地了解这个菜品本身的品质和价值。因此对牛肉、牛排骨的选择进行了详细的描述，使顾客可以更多地了解到牛肉、牛排骨本身的价值，以及不同产地的不同肉质。再详细阐述了火焰牛排骨的特制过程，例如，经过特制火焰现场熏烧，让香味和热气浸入牛肉，让肉质细嫩、口感更好，并且诱发出丰富的优质胶原蛋白，让营养吸收更加充分。针对这种特殊处理方式，从各渠道宣传到现场操作的过程，不仅给顾客留下深刻的印象，也可建立起一个标新立异的新品类制作标准和方式，成为顾客津津乐道的一个点，也成为店面巨大的特色。

这样的深度挖掘能让顾客在更加了解特色菜品的同时产生巨大的好奇心，进而尝试消费，然后给予认可，成为固定顾客。这也帮助味图腾火焰牛排煲在竞争日益激烈的市场中打开一扇特色之门。

4.9.2 包装突出色香味

完整的菜品包装需要对独立的菜品进行全方位的策划，从外观到宣传的包装，是一个完整的过程。首先是从外观上制造视觉上的不同，这些外观除了在店内实际展现之外，还需要在宣传、视频等方面进行处理包装。其次是对食材本身口感的处理和凸显，不但要有"颜值"，还要好吃。

1. 产品图片要根据实物进行专业的拍摄

拍摄技巧：以菜品为核心，搭配一些点缀，将店面风格的主色调作为拍摄背景。比如是工业化风格，那就以黑色为背景，将灯光打在菜品上，聚焦菜品、虚化背景，这样拍摄出来的菜品看起来更让人有食欲。拍摄火锅锅底也是如此，需要围绕着火锅，搭配特色菜品，做一些"红豆""绿叶"的点缀，使整个画面看起来更有层次感、更丰富，又能突出重点。

2. 食物本身外观包装

从色调上充分体现视觉效果。例如牛肉，为了体现出牛肉特别的质感、色泽，用新鲜的生牛肉拍照比熟牛肉更好；而实物菜品需要注重牛肉的切法、造型，红白相间，点缀一些绿色，会让人食欲大增。

3. 文字包装

爆款菜品必须有文字说明，可以简单有力，也可以是"卖情怀"。例如，"我不能带你回草原，但我可以给你草原最好的味道"。这种广告性质的文字包装会起到非常好的作用。

4. 口感包装

口感是需要包装的，因为每个顾客吃到的一定是精心包装过后的口感。口感是对于菜品的味觉感受，因此我们需要对有些食材进行初步的味道处理，比如腌制。

举例 我们要做一款火锅食材——葡萄丸子，要让顾客吃到葡萄的感觉，那么丸子不但形状要像葡萄，而且在口感上一定也要像葡萄一样皮滑、汁多，还要点缀上葡萄叶。

4.9.3　塑造食材故事

故事是一个载体，就像你要给爱人写信，你可以选择写一篇你们之间的故事，也可以写一首诗，写一篇优美的散文。除了借鉴诗歌制造一些简短的段子外，最好的就是有一个好故事。

为什么选择故事？

故事具有反复可读性，故事具有一波三折的剧情吸引力，故事具有传播功能，故事能以趣味、可读的方式传递出平时看似乏味无感的品牌价值、情感和内容，并以此吸引人、感染人。

品牌故事有很多，比如"张瑞敏砸冰箱"的故事、"褚时健种橙子"的故事、"王石登山"的故事等。这些故事都对他们的品牌起到了极大的宣传作用，并且让大家感受到了不同的品牌高度。

讲故事一定要把握好一个点，不能乱讲，也不能只是为了好看而写故事，单纯的吸引人的故事并没有什么价值，而是要看你这个故事背后体现出了什么价值观。"张瑞敏砸冰箱"的故事是为了树立诚信和质量意识，获得了品牌的极大价值；"褚橙"的故事体现出了一种奋斗精神，他老当益壮的精神让人对橙子也刮目相看；"王石登山"的故事也体现出了一种精神。因此，讲故事要找到一个价值点，而且要找对价值点。

对于火锅食材，要塑造故事需要找出这个食材对于顾客的真实意义所在，可以是食材本身代表了爱情的含义，也可以是亲情，更可以是艰苦奋斗的精神，还可以是食物普世救命的故事等。这些故事不管是现在的、历史的、传说的、神话的、饱含感情的还是引人入胜的，都必须注意一点，就是不要太复杂，简单感人即可。这就是品牌故事与写小说的区别。而且故事一定不能是杜撰的，必须有根据，完全依据事实当然最好，真实的更能打动人。

举例 我在内蒙古的时候，遇见过一个老人，他养了很多牛，他邀请我品尝他们的牛肉，牛肉很好吃。老人的女儿对着我笑，姑娘梳着辫子。我脚崴了，她是当地唯一读过书并且学过医的，她帮我治疗脚伤，每天晚上给我炖牛骨，整个房间弥漫着牛肉的香味。我一直忘不了她温柔的眼神，她是我见过的草原上最漂亮的姑娘。我养伤时背着吉他弹琴，她坐在我跟前唱歌，歌也唱得很好。伤好了我要走，她一直送我到车站，她问我还回来吗，我说我会回来。她笑着送给我一块她随身佩戴的吊坠，说："我等你来。"多年后我通过经商，有能力帮他们卖牛肉了，于是我回去找他们，他们却已经搬迁，那里已经成了一个大牧场，此后再没了消息。这草场上健壮的牛和以往一样，但我带不回她，也带不回草原，只能带回了那个无法忘怀的味道。

虽然是故事，但真实而感人，并且准确地传递出所要表达的食物的意义，这个意义要契合品牌并与顾客产生联系。

4.9.4　提炼食材性价比

提炼食材性价比一方面是要向顾客宣传，另一方面是自己内部提炼。既然是爆款食材，一定要从源头、采购、运输、储存、分类、加工、管理等方面做到位，使食物品质不受损，同时压缩成本，留下尽量多的利润空间。这样的爆款菜品才会长久，也才会是真正的爆款。

对于爆款是否有盈利也存在内部争议。建议根据自己的店面需求策略来定，有些爆款只是用来吸引顾客，带动其他品类获利；有些爆款本身利润就高。

超市常常采用一个商品不盈利带动其他商品获利的策略，如鸡蛋非常便宜，而鸭蛋就比较贵，还有与其同类别的、同系列的商品也比较贵。这些小策略都是需要我们平时多去思索和实施的。

塑造爆款的性价比还有一个重点，就是塑造一个新的标准。例如，"小米"将"红米"的性价比做得很高，它首次用到了新的购机标准——性价比的评判标准，从而建立了一个行业判断标准。作为餐饮界的爆款也是如此，需要提出一个对于餐饮菜品购买的评判新标准，让顾客觉得性价比高、菜品质量好，而实际也能获得一定的利润。

4.9.5　宣传到每位顾客

成为爆款的最后一点就是宣传，不管你包装如何，没有宣传到位也是枉然。对于爆款菜品，从菜单的设计开始就需要植入爆款的概念，而后通过自身的宣传渠道进行宣传，再利用其他的载体进行重点突出的宣传。

爆品的宣传方式包括以单品的形式单独进行宣传、在品牌宣传时重点突出该产品的宣传、在各大团购点评网站上进行点评宣传、在线下营造受欢迎食材的氛围进行宣传。

这些小策略需要配套进行。顾客都有跟从心理，真正的爆款一定是口味不错、基础受众很多且大家都点的菜品，因此我们除了宣传，重点是做到最后一点，即体现出"大家都点"这一态势塑造。这些塑造需要通过不同的数据来体现，例如，菜单上标注 68% 的人选择了这个菜品，80% 的人关注这个菜品，58% 的人复购了这个菜品等。将重点数据核算好并标注出来，可以营造"大家都点"的真实感。还可以通过点菜电子屏幕来体现，如 ×× 先生点了 ×× 菜。这些都是使菜品火爆的策略。

爆款产品除了遵循以上 5 点之外，还有一个比较重要的是"配合战"，即需要其他所有环节来配合爆款产品的铺设、促成、宣传，这样爆款产品才能形成并获得持久的发展。

4.10　店内前期采购

采购是开店初期的重要工作。店内所需要的东西都需要依照规划去实际采购。前期采购分两大部分：一部分是硬件设备的采购，另一部分是食材的采购。

4.10.1　硬件设备采购注意点

硬件设备的采购又分为前厅的设备采购和后厨的设备采购。我们一般先从前厅开始，前厅的采购包括桌椅板凳（或旋转设备、吧台设备、卡座）、空调风扇、电磁炉（或酒精炉）、烤盘（或锅具）、前台、自助区自助台或者自助柜等。

Tips：硬件设备采购是个系统工作，前期将所有的硬件设备都归纳到位，采购的时候依照采购清单进行就比较方便、有条理，尤其一些非常零碎的设备必须归纳完善，提高采购的效率。

1. 采购类别

归纳好类别，根据类别进行统一采购。因为设备较多，不同类别的设备采购的地方、渠道可能各有不同，因此将同一类别归纳好进行统一采购，既节约了时间，提高了效率，又节省了费用。

2. 采购数量

设备的数量由空间布局和操作所需数量来决定，布局参照规划图，操作数量需要由专业的厨师进行归纳。总体来说，采购数量与店面面积、操作环节的复杂度、使用人员数量、厨房面积都有关系，这是个综合的考量。有经验的厨师会以最优化的方式帮助你进行节约型采购。

3. 采购尺寸

根据规划确定采购尺寸，最大化地利用空间。另外，设备尺寸需要考虑操作的便利性和使用情况，需要由专业人员进行采购。

4. 采购材质

材质是确保设备质量的一关，也与价格有关，优先选择质量好的材质。设备的质量会影响到操作的便利性，出菜与上餐速度，以及顾客就餐体验等，质量差的会间接地让餐厅遭受损失。

5. 采购价格

质优价廉是采购的统一标准，需要个人掌握设备基础知识后准确判断。建议采购前多熟悉所需的设备知识，了解这些设备的性能和材质。每一种设备都有其潜在的销售策略，采购也需要由专业人员进行，这样才能进行有意义的价格对比。

6. 采购配送

怎么配送、配送到哪里、配送的费用都是我们需要考虑的问题。采购设备统一化、合理地利用采购配送资源是最好的。有些东西采购完后可以一起配送的就不要分开来配送，以免增加运费和人力损耗。

7. 设备售后

售后是我们需要重点关注的，采购时需要问清楚，因为有些设备没有售后会造成很多麻烦，维修费用高。良好的售后可以解决因设备损坏带来的各种问题，相应地减少因设备带来的损失。

采购总体把握好以上几点，就没有多大问题。注意一定要根据专业人士的指导和店面实际情况来做好采购。

Tips：有时候并不是价格最高就最好，更不是价格便宜即可，需要综合各种因素进行衡量后"讨价还价"，最后成交。

4.10.2 硬件设备采购的途径

采购途径有很多种，现在最常用的有3种。

1. 酒店用品市场

大多数酒店用品市场都聚集了餐厅所需要的各种东西，而且市场经营区域划分明确，可以根据其经营区去寻找自己所需的硬件设备。如果当地没有酒店用品市场，可以去不同的市场，如电器市场、厨具市场、家具市场等进行分别采购。

2. 网上采购

网上渠道比较多，有专门的批发平台、零售平台，专门的厨具平台、酒店用品平台等，也有一些专门的销售公司网站和公众平台、社交媒体销售平台。这些采购渠道的优势是价格相对较低，但品质参差不齐，因为看不到实际的东西，也可能产生退换货的麻烦，耽误时间。可以采取部分实体采购、部分网上采购的策略。

3. 厂家采购

厂家采购是根据自己的需求直接联系厂家进行定制或统一采购。厂家采购的优势是如果采购量大，厂家优惠力度可能较大，从而可以降低成本。缺点是专门找厂家费时费力，还需要先进行信息筛选，然后再去考察采购，而且采购量小时厂家可能不愿意发货。

这3种途径各有利弊，可根据自己的情况来选择。

4.10.3 硬件设备采购的时间

硬件采购可以在店面承租后，与装修同时进行，这样能节约筹备时间。在店面整体规划出来后，就可以依照采购清单进行采购。硬件设施的采购分为以下3个步骤。

1. 定做的设备提前采购

这类设备需要时间加工和运输，需要提前预订。例如一些桌椅板凳、吧台、旋转设备等。

2. 前厅设备优先采购

一般前厅设备比后厨的定制和运输时间长，调试时间长，而且只要装修大体到位，这些设备就可以进入。

3. 后厨设备

因为大部分后厨设备都比较集中，采购比较方便，所以可以等到店面完全装修好再一次性采购到位。另外，因为厨房的装修对水电气要求比较严格，因此需要把这些做到位才能采购设备。

时间掌握好就不会出现采购的设备回来后没地方放置，或者店面早已经装修好设备却迟迟不来这两种现象。过早地采购一些设备会影响装修，占用地方；过迟地采购会延误开店时间。

4.10.4　食材的采购类别

店面一切就绪，所有硬件设备和软件设备都到位，且已经确定好开业时间后，即可开始采购食材。食材分为三大类。

1. 调料类的食材

调料类食材因为放置时间较长，可以提前采购，并且提前准备到位，比如提前准备炒制底料，节省筹备时间。一般调料类食材在当地都有专门的市场，可根据配料单统一去市场进行挑选。

Tips：调料类的食材在开业前，周就需要进行采购，因为需要提前准备好底料和蘸料。调料类食材可根据需求在当地的调料市场、原材料市场、原材料基地等地进行采购。

2. 涮品类的食材

一般新鲜的蔬菜可以在前一天早晨进行采购，其他的食材都可以在前一天甚至前几天采购。能冷冻的一般均可提前几天采购，新鲜的蔬菜则宜随时用随时采购。这类食材可以通过网络渠道和线下菜市场进行采购，可多方对比质量和价格后进行确定。

3. 特色自制类食材

此类食材需要加工，因此需要提前采购原材料，给加工工序预留一定的操作时间。

4.10.5　食材的采购规范

食材的采购都需要有一个良好的规范，才能让采购过程进行得更顺利。

1. 采购的流程

探寻市场价格、探讨收货再付钱还是先付钱再拿货、资金的准备、采购人数、先去什么地方、先采购什么食材、采购过程的注意事项、采购完成后的事项安排，这些都是需要安排好的。看似琐碎的事情，如果安排恰当会节约很多的时间、人力和物力。

2. 记录

采购到的所有食材都必须记录到位，包括出入库记录、采购日志、市场变化记录、账目及物品等。这对于食材的分配、分析有很好的辅助作用。

3. 储存

储存是很重要的一部分。采购来的食材，分门别类做好储存，有助于衡量采购的时间，并且能减少浪费，也更有利于厨师的操作。

4. 时机

采购的时机很重要，可以根据需求来安排时机。长期固定时间内的采购和临时性的采购都要做好安排；食材季节性采购和非季节性采购要做好把控；采购价格高时的策略和价格低时的策略应计划好；生意好时的采购和生意一般时的采购方法要掌握好。这些都需要灵活处理，不同时机采购的策略也不同，既要降低成本，又要合理安排食材需求。

> Tips：食材采购分为开业采购和运营中采购。运营中采购需要根据每天的用量判断出一个平均数量，提前进行采购，可长时间储存的可提前1周甚至1个月采购，新鲜的食材可以提前一两天采购。

5. 渠道

食材采购渠道灵活多样，需要根据自身情况进行选择。渠道越多越难管理，越容易出现各种纰漏，而且耗费的人工也越多。短期内多渠道采购会造成成本低的错觉，但长期下来就会给操作带来不便。食材渠道集中、统一配送，长远来看成本会更低。

6. 制度

规范采购人员的行为，减少因为制度缺乏、监管不足带来的环节损耗，以及人员操作不当带来的损失，比如吃回扣、贪污、倒卖食材、随意毁坏食材、采购随意等问题。

7. 验收

验收采购来的食材是否合格：重量是否足够、物流水平是否能达到、食材有没有通过检疫检验、有没有正规的销售证书、标签包装等是否完好、食材的质量是否过关。

8. 核算

采购的核算除了是对成本的把控外，也是一种监督。做好各类食材的价格记录，购买新的食材时就有对比，可以让每一分钱都花在"刀刃"上。

9. 食材知识

掌握食材知识是很重要的。采购时一般会让采购员与厨师一起进行，或者采购员本身就是厨师出身，这样在采购过程中才可以分辨不同食材的质量，例如，判断食材新鲜与否。将每一种食材的形状、性状、作用、色泽、味道等了解到位，才能顺利采购食材。

Tips：食材采购是众多采购环节中比较核心的、经常性的一环。前期的采购只是准备阶段，而后期需要根据第一次的采购梳理好整个流程，安排好各个环节，让餐厅运营得更加顺畅。

第 5 章

人员筹备：如何招到合适的人

　　人才是餐厅长远发展的基础，人员筹备和店面筹备要同时进行，因为从发布招聘广告、面试到试用是需要时间的。应按需招聘、按岗位招聘、按能力招聘；招聘过程中应把握好面试、试用、培训这3个环节，才能节约招聘资源，降低招聘成本；对招聘到的人员要从稳定性、个人品质、个人技能这3个方面把控，才能不影响运营质量。

05

5.1 不同模式的人员筹备要求

新店的人员筹备，对人员的要求相对高一些，需要的数量也相对较多。因为新店开业如果有太多不熟悉岗位的人参与，会给消费者造成不良印象。因此，在筹备招聘工作时需要注意人员的经验是否丰富，按岗位需求匹配。人员数量与火锅店的经营模式密切相关，不同模式的需要的人员数量也不同。

5.1.1 根据火锅店的模式筹备人员

火锅店的模式不同，对于岗位和人员数量的需求也不同。目前火锅店有 7 种模式，3 种类型。7 种模式主要体现在菜品和点餐方式上，分别为单点、自助、半自助、串串、拼盘、涮烤、麻辣烫模式。不同模式需要的服务和获得的利润率均不同。3 种类型即桌椅板凳类型、旋转类型、吧台类型，更多的是设备的不同。7 种模式需要单独做，不能结合在一起，但 3 种类型里面可以任选这 7 种模式来做。类型不同但模式可以相同，相同类型可以做不同模式。

5.1.2 单点模式的人员筹备规划

单点模式需要的服务员人数相对较多，因为单点需要服务员接待落座、引导点菜，做好顾客就餐前、就餐中、就餐后的所有服务。可以根据服务员的业务水平来分配其管辖区域，协调好人员之间的配合。

🍲 Tips：单点模式需要的人员数量相对较多，成本也比较高。这种模式的人员配比也相对复杂，各个环节的人员衔接也较复杂。因此，在招聘人员时需要着重考验其配合度。

单点模式的火锅店人员的筹备主要在于服务员、后勤杂工、配菜厨师这 3 个方面，还需要根据店面面积来进行调整。单点模式的人员筹备规划见表 5-1。

表 5-1　单点模式人员筹备规划表　　　　　面积单位: m^2

面积	服务员	保洁员	收银员	墩子	调料师傅	店长	后勤杂工	采购员	传菜员	经理	总人数
100	3	0	1	1	1	0	2	0	0	0	8
200	6	2	1	2	1	1	3	0	0	0	16
300	9	3	1	3	1	1	4	1	0	1	24
400	12	3	2	4	1	1	5	1	2	1	32
500	15	4	2	4	1	1	5	1	4	1	38

表 5-1 中的 "墩子" 是四川地区对切菜配菜技工的称呼。表 5-1 仅供参考, 具体实施需要根据店面的情况进行配置。如需节约人员成本, 可以将一部分环节的人员工作进行整合, 如将传菜员与服务员整合, 将采购员与店长整合, 将保洁员与服务员整合, 这样可以减少人员支出。小店面可以这样操作, 大店面不建议这样做, 以免降低服务质量和环节操作效率。

5.1.3　自助模式的人员筹备规划

自助模式需要的人员少, 人员成本低;操作简单, 环节相对少;可同时满足顾客的各种需求。相比单点模式来说, 自助模式需要的服务员少, 无须传菜员, 因为自助环节是由顾客自选菜品。

Tips: 自助模式主要是以固定价格作为吸引点, 主要以就餐顾客数量整体的增长来增加利润, 而不以单体利润为追求。在人员数量上自助基本上要比单点少一半以上, 需要的服务员数量很少, 也不需要传菜员。这种方式其实也是借鉴国外的一些聚会和年会的餐饮模式, 方便交流, 带有很强的社交属性, 属于自由化消费。

自助模式的人员筹备规划见表 5-2。

表 5-2　自助模式人员筹备规划表　　　　　面积单位: m^2

面积	服务员	保洁员	收银员	墩子	调料师傅	店长	后勤杂工	采购员	传菜员	经理	总人数
100	2	0	1	0	1	0	0	0	0	0	4
200	4	0	1	1	1	1	1	0	0	0	9
300	6	0	1	1	1	2	1	1	0	0	13
400	8	0	1	2	1	1	3	1	0	0	17
500	10	0	2	2	1	1	3	1	0	0	20

服务员平时的常规操作是给顾客上锅底，其他时间做好随时服务顾客的工作，因此他们可以在空闲时完成打扫卫生、将菜品放到自助区等工作。一般自助火锅店的店长和经理可以是一个人，店面比较大的可分为两人。

5.1.4　半自助模式的人员筹备规划

半自助是自助与单点的结合体，以自助为主，一些比较贵的菜品单独点。因此，所需人员数量介于单点与自助两者之间。

半自助模式的人员筹备规划见表5-3。

表5-3　半自助模式人员筹备规划表　　　　面积单位：m²

面积	服务员	保洁员	收银员	墩子	调料师傅	店长	后勤杂工	采购员	传菜员	经理	总人数
100	3	0	1	0	1	0	0	1	0	0	6
200	4	0	1	1	1	1	1	1	0	0	10
300	7	0	1	1	1	1	2	1	0	0	14
400	9	0	1	2	1	1	3	1	0	0	18
500	12	0	2	2	1	1	3	1	0	0	22

5.1.5　串串模式的人员筹备规划

串串其实也是单点的一种，只是将菜像烤肉一样穿在签子上，然后按照一串多少钱进行定价消费。

相较于单点模式，串串需要的服务人员数量少，但又比自助需要的人员数量多，需要专门切菜、穿签的人员。

Tips：串串模式相对于自助来说更方便，但其实和单点模式、自助模式有相似之处，可以点菜，也可以自选，一般以串为单位来计量结算。因此在人员配备方面，它与半自助相仿，比自助多了穿签的人工和时间，比单点少了一些服务人员。

串串模式的人员筹备规划见表 5-4。

表 5-4　串串模式人员筹备规划表　　　　面积单位：m²

面积	服务员	保洁员	收银员	墩子	调料师傅	店长	后勤杂工	采购员	传菜员	经理	总人数
100	3	0	1	0	1	0	2	1	0	0	8
200	4	0	1	1	1	1	3	1	0	0	12
300	7	0	1	1	1	1	4	1	0	0	16
400	9	0	1	2	1	1	5	1	0	0	20
500	12	0	2	2	1	1	6	1	0	0	25

5.1.6　拼盘模式的人员筹备规划

拼盘模式就是将不同的菜拼成一盘来定价格，是一种套餐模式，是单点的一种组合。人员方面多出了一个拼盘师傅，在人员数量上与串串模式有相似之处。

拼盘模式的人员筹备规划见表 5-5。

表 5-5　拼盘模式人员筹备规划表　　　　面积单位：m²

面积	服务员	保洁员	收银员	墩子	调料师傅	店长	后勤杂工	采购员	传菜员	经理	总人数
100	3	0	1	2	1	0	1	1	0	0	9
200	4	0	1	3	1	1	2	1	0	0	13
300	7	0	1	4	1	1	2	1	0	0	17
400	9	0	1	4	1	1	3	1	0	0	20
500	12	0	2	4	1	1	3	1	0	0	24

5.1.7　涮烤模式的人员筹备规划

涮烤模式是一种将小火锅与自助烧烤结合起来的模式，一般都是自助，只是多一道腌制烤肉的工序，多一个环节的人员筹备。腌肉的技术人员不可少，其他人员的配置基本没有变化，只需根据店面面积灵活调整墩子与杂工的数量。在招聘腌肉师傅时要重点考核其腌肉的技术能力和操作能力。

涮烤模式的人员筹备规划见表 5-6。

表5-6 涮烤模式人员筹备规划表　　　面积单位：m²

面积	服务员	保洁员	收银员	墩子	调料师傅	店长	后勤杂工	采购员	传菜员	经理	总人数
100	3	0	1	1	1	0	1	1	1	0	9
200	4	0	1	1	1	1	2	1	1	0	12
300	7	0	1	2	1	1	2	1	1	0	16
400	9	0	1	2	1	1	3	1	1	0	19
500	12	0	2	2	1	1	3	1	1	0	23

5.1.8 麻辣烫模式的人员筹备规划

麻辣烫其实也属于火锅的一种，而火锅也可以借鉴麻辣烫的按斤称重的计量定价方式。消费者选好食材，经过称重后计算费用；还可以像串串一样，以串来计费。

这一模式在结算、穿签、称重以及加工4个环节需要相对多一点的人员。

麻辣烫模式的人员筹备规划见表5-7。

表5-7 麻辣烫模式人员筹备规划表　　　面积单位：m²

面积	服务员	保洁员	收银员	墩子	调料师傅	店长	后勤杂工	采购员	传菜员	经理	总人数
100	3	0	1	1	1	0	1	1	0	0	8
200	4	1	1	1	1	1	2	1	0	0	12
300	7	1	1	2	1	1	2	1	0	0	16
400	9	2	1	2	1	1	3	1	0	0	20
500	12	2	2	2	1	1	3	1	0	0	24

以上不同模式对人员筹备的岗位、数量、要求均有不同。因此，我们在人员筹备的初期必须确定投资的模式，再根据模式来进行人员筹备。

Tips：不同模式对特殊岗位人员的要求也不尽相同，这些岗位需要着重招聘。确定模式后，根据店面面积再确定所需的人员数量。一般刚开业时人员需要筹备得多一些，一是因为刚开业时要保证服务质量，二是可以通过开业的相关工作检验人员的资质，不合格的可以淘汰。

5.2 人员筹备途径

招聘比较容易，但招到合适的人员很难。招聘过程本身也是个宣传过程，要合理利用。

5.2.1 熟人介绍

熟人介绍是一种常用的方式，熟人一般介绍的都是亲戚、朋友、同学等与自己有关系的人，相对可靠。

1. 熟人介绍的优点

- 不会在短时间内随意离职。
- 知根知底，有矛盾可以让熟人来调解。
- 工作比较上心。

对于熟人介绍要注意讲明要求，该有的条件一个也不能少，不能因为熟人介绍而放低门槛。应向熟人描述清楚岗位的具体情况，了解的岗位细节越多，他们找的人就越精准。避免出现"认为服务员谁都可以干"这种片面想法。

Tips：小李开店时让二姨给他介绍服务员，二姨二话不说，把她的一个远房亲戚介绍来了。这个远房亲戚高中退学后没有工作，养了一身的不良嗜好，还懒惰。小李辞退他后，他还跟二姨说小李不知好歹，自己人都不要，闹得很不愉快。如果小李一开始能把要求说清楚，就不会如此。

2. 熟人介绍时需要遵循的步骤

- 归纳好每个岗位的要求（每个岗位的具体要求在下文会提到）。
- 详细描述你的要求。
- 先听熟人描述，然后仔细询问这个人各方面的情况，比如经验、经历；最好能先在线上沟通一下，了解到位。
- 面试必须严格，把要求说清楚，不能因为是熟人介绍的而放松对工作的要求。

3. 如何能让熟人多介绍可靠的人

- 自己先要筛选一下熟人圈子，找可靠的熟人。

● 熟人对口介绍，就是做厨师、做餐饮的介绍厨师，开火锅店的介绍技能型人员，从事服务行业的介绍服务员。

4. 如何让熟人更有效地介绍
● 让熟人在一些社交媒体上发布信息。
● 发布的时候说清楚岗位要求。
● 发布的招聘内容不宜过长，文字尽量简短。

利用好熟人的关系网，可以缩短自己的筹备时间，避免营业期间的人员变动带来不良影响。

5.2.2　发布线上招聘广告

线上招聘有很多种方法，主要包括在各分类信息网上发布招聘广告；在招聘网站发布广告；通过社交平台发布广告，例如微信、QQ等。招聘渠道有付费也有免费的，可自行选择。

1. 分类信息网发布

分类信息是一种根据供求关系将信息分类的网站平台，以便查询。现在大部分分类信息都是以同城信息为核心，同城信息平台里面包括供求关系信息、同城服务信息等。这类网站比较常用，通常也不用付费。首先建议寻找本地的一些分类信息网、供需网发布招聘广告。

分类信息网一般会提供招聘模板，这样就省去了你自己写招聘要求的麻烦。付费发布一般见效更快。

Tips：一般通过渠道招聘需要提前半个月开始。免费的较慢，付费的较快，前者需要花时间，后者需要花钱。发布这类信息注意信息要全面，能认证的尽量认证；上传头像，这样显得正规可信，更能获得别人的信任；最好每天都发布。

2. 招聘网站发布

这类网站大部分是付费的，很多人在这上面招人主要因为两点：一是店面大，需要长期招人，人员流动性强；二是想变相地打广告。

这类网站一般有套餐价格，套餐不同，展现方式也不同。它们的优势在于将传统招聘方式与网络结合起来，缺点是传统技能型人员很少在这些平台上找工作，专业招聘网一般是一些高端人才的聚集地。

建议尽量选择专门的餐饮业招聘网站，其针对性比较强，例如一些餐饮美食网都有招聘板块。

3. 社交平台发布

社交平台有很多，其中微信和 QQ 是比较常用的。最简单的方式是加入一些类似的群，例如综合性的餐饮业的群、针对服务员和厨师的群，或者在 QQ 上搜索餐饮招聘、厨师招聘、服务员招聘等关键词，加入群聊。在群内通过群主打广告、聊天、发布信息等，也可以找到有意向的人。

微信可以让别人拉你进群，在群里发布招聘需求；也可以转发朋友圈，或者发红包鼓励大家帮助进行招聘宣传。有一些微信公众平台提供付费招聘服务，还有一些私人微信号会提供一些区域性的招聘服务。你也可以利用微信中"附近的人"功能添加好友。"附近的人"功能一方面可以为店面宣传做准备，另一方面可以在周围帮你找到合适的人，因为大多数人会选择离家较近的地点上班。

直播类的娱乐平台也可以进行招聘，通过直播可以让有意向的人直接看到店面的筹备情况，可信度更高。

另外，有很多专业的餐饮 App 也会提供一些招聘服务。

5.2.3 自行招募人才

通过别的店面招募人才是最直接有效的，而且有质量保证。可以通过熟人介绍、打听，也可以主动去店里寻找。例如 ×× 火锅店的服务员不错，你可以先自行认识或者通过他人引荐，了解清楚其目前所在岗位的情况及其诉求，再主动说明你的意图。招募服务人才最直接有效的手段之一是提供优越的待遇、职位和尊重感。

Tips：在招募之前要掌握好对方店面的情况，如最近人员的流动情况、店面的效益、店员的待遇、大家对这个店的看法、开店时间长短等。

掌握了这些后才能有的放矢，有针对性地满足他们的需求。

招募人才的注意事项如下。

- 与所需的人才私下联系，否则该人才不容易被招募过来。
- 不要在不了解对方的情况下就将其招募过来。

- 不要认为知名品牌火锅店里出来的人都不错，必须鉴别清楚。
- 不能无底线地满足被招募人员的要求，太过贪婪的人会使你处于被动地位，要有自己的原则和底线。
- 调查清楚该人员在行业中的口碑。人员不光要技术好，其品性更重要。

5.2.4 在店门口及周边张贴招聘广告

在店门口张贴招聘广告，引起路人注意或顾客注意，从而获得更多人才的注意。

1. 在店门口张贴招聘广告

在门面上贴招聘信息。用大纸张写明职位和联系方式，简单明了，让行人一眼就能看见。招聘广告尽量用红字，标注明显，因为很多时候这种直接贴在门面上的招聘广告会被误以为是店面转让广告，这可能会对你的生意造成一定的影响。

可以制作一个易拉宝竖在门口，将招聘人数、职位、职责、岗位要求、待遇等逐条罗列清楚。易拉宝的设计应简单美观，重点突出，不宜太杂乱。

还可以在店门口放广播，播报招聘内容，起到宣传作用。另外，依靠声音能吸引到更多的人。

2. 在周边张贴招聘广告

与周边的一些商店合作，发布一些招聘广告。便利店是比较合适的合作对象。

Tips：店面周围的广告栏可以复贴，而且要勤贴，因为广告栏里的广告基本上每天都会被撕掉或被新的广告覆盖。

3. 在社区及人才市场张贴招聘广告

有社区的可以与社区协商，张贴一些招聘广告；还可以在人才市场的一些招聘栏里张贴，或者刊登于招聘小报。这一类的招聘广告要大而醒目，字数不要太多，最好用一句话吸引人。

4. 招聘策划意识

招聘也是一种营销，需要良好的策划，要让你需要的人看到来你这里的价值，要有能吸引他们的地方。例如"不能让自己平庸，我给你舞台""你比想象中的自己要更好，来我们这儿，你行"。还有一些从待遇出发的，如"来我们这儿，你的能力值是现在工资的两倍"。招聘广告写得不同，效果就不同。

5.2.5　线下派发传单

线下的传单可以直接印制火锅店的名称、地址、招聘内容，并附上二维码。这样做一箭双雕，既宣传了店，又招聘了人。

1. 传单要设计策划好

传单，顾名思义就是传，能起到传播作用的才叫传单。传单既要在设计上下功夫，设计出吸引力强、重点突出的页面，也要在策划上下功夫，做一些吸引人的活动，配合招聘工作的开展。例如，拿到单子的人可以把这个传单当作就餐券，推荐一个员工可以免费就餐一次，或者获得半价优惠。

2. 移动派发传单

除了店面周围，还可以到你想要招聘的一些区域去派发传单，例如打工族集中的地方、学校周围、餐馆比较多的地方、地铁口、公交车站牌处等。

3. 固定派发传单

可以学习其他行业，在人流量大的地铁口、人行天桥，通过竖立广告牌进行招聘。只要留下联系方式、领取一张招聘券，就可以在店内打折消费或者免单一次。这样的促销式招聘与宣传结合在一起，一箭双雕。

招聘的方法有很多，效果各不相同，可根据自己的实际情况选择一两个或多个同时进行。

5.3　不同岗位的人员筹备要求

招聘之前需要精心确定好不同岗位的人员要求，针对每个岗位做到人员功能化要求明确、数量安排合理。

5.3.1　服务员

服务员是接待顾客的第一人，比较重要。

Tips：服务员的形象气质、沟通能力、亲和力等细节都是特别重要的。对服务人员的要求要高，因为顾客对火锅店的第一印象就是服务员给予的，可以说服务员是整个店的形象代表。

1. 形象方面的要求

不能以貌取人，但也需要个人形象干净、卫生、整洁，有良好的外表更好。

2. 个人业务的要求

反应理解能力强，能及时掌握各种情况，聪明灵活、学习能力强、普通话流利，有一定的沟通能力和语言表达能力。

3. 工作态度的要求

喜欢自己的岗位，有主人翁思想，认同店面发展，协作能力强，性格温和。

4. 其他的要求

结合店面需求灵活地进行定制，例如学历的要求、身高的要求，以及业务能力的要求等。

对服务员的要求都是比较软性的，很多判断是靠招聘人员在招聘现场的面试来完成的，所以招聘者自身首先需要具备一定的素养。

5.3.2 保洁员

保洁员对就餐环境的干净、整洁起到很大的作用。因此，勤劳是对保洁员的第一要求；其次，保洁员要善于配合他人工作，听从命令，主动工作，操作规范。

如果说服务员是整个店的"脸面"，那保洁员就是"洁面乳"。对保洁员工作能力的最重要的判断标准就是是否勤快，是否能及时发现问题、及时打扫清洁。

保洁员的工作安排得越具体越好，让他们完全按照安排来进行操作，更能保证工作的完成度。

5.3.3 收银员

收银员要能熟练操作收银软件、制作各类票据，有良好的会计水平，并熟悉计算机和各类收银POS（Point of Sales，销售点）机的使用方法，熟悉各币种的汇率、各银行信用卡的操作规范流程等，还要会制作财务报表。

收银员是整个店面的核心。收银员所制的财务报表非常重要，它是整个营收情况的集中体现，也是店面管理运营数据分析的重点，能直接看出营收情况和存在的问题，并且能帮助经营人员分析问题出在哪个环节。

收银需要和采购协同工作，一般大规模的正规火锅店需要将会计、出纳、收银三者配备齐全。出纳归整收银情况，会计根据出纳情况处理数据报表，报给领导以进行每日分析。每天的消费人数、金额、消费的菜品数量、附带额外品类消费，包括二次消费人数等，这些数据必须精细核算。

收银员除了要有以上的操作技能，还需要具备良好的职业素养，与钱打交道需要一定的职业操守和原则。

5.3.4 "墩子"

"墩子"是四川地区对切菜、配菜技工的称呼。好的切配菜不但使菜品看起来美观、吸引人，而且能节省很多食材。好的"墩子"在摆放和品类搭配上更能起到锦上添花的作用，巧妙的切配能让普通食材散发出独特的诱惑力，让特色的食材更加充分地体现出其独特性。

不同火锅店对相同食材的切配方法不同，比如同样的土豆片，切法不同，搭配不同，展现出的效果就不同。

Tips：火锅店的创新其实除了店面风格、底料产品创新之外，就是菜品创新了。而菜品创新的重点不在于食材增多，而在于对食材的运用、搭配、制作，这就是"墩子"的工作。创造性地运用食材、展现食材、塑造食材，才能让食材完成人与味的"对话"。

5.3.5 调料师傅

调料师傅是每个火锅店的核心和灵魂人物，所有的底料味道都是由他来把控的。调料师傅决定了这个店面的路，路铺得好不好全靠调料师傅。有很多直营或加盟的火锅店有直接提供成品底料的供应商，这可以弥补很多调料师傅"把握命脉"的缺点。调料师傅工资高，不能轻易更换，因此，要么自己做，要么提高合作要求。

调料师傅的招聘考核要从底料的把控、个人的经验技术方面入手，品尝他们调出来的口味如何；其次是看他是否有职业操守。

5.3.6 经理

经理分为前厅经理和后厨经理。经理的任务就是店面管理、绩效考核、人员管理和经营管理。经理每天具体的工作是根据财务报表分析营收、找寻问题、制订策略，以实现对人员以及各环节流程的优化把控，进而提高效率、降低成本、拓展店面的营收；制订或者把控销售策略、宣传手段。

经理必须熟悉整个店面的各环节功能，还要拥有运营策划能力。大店面需要给经理配备文员、策划人员、市场营销人员等；当然，小店不必这么复杂。

5.3.7　后勤杂工

小店的后勤杂工可以让保洁员兼任，大店需要独立的人员担任，这主要根据店面面积来确定。比如 100 平方米的店面至少需要两名杂工来洗碗、收餐具，配合保洁工作。后勤杂工的工作除了在厨房帮忙洗菜、择菜、准备菜外，还要与保洁员配合解决前、后厅的卫生问题以及一些琐碎事项。

所谓杂工，就是什么事情都可能要做，要求辅助好每个岗位，让每个岗位的人员能把更多的时间和精力花费在本职工作上。

5.3.8　采购员

负责前期店内设备设施的采购及后期菜品的渠道联系、采购。一般小店的采购员由老板自己担任，大店会设置专门的采购部门，由采购主管统一管理。采购员的作用主要在于把控渠道和店内所需物品的质量。好的渠道既能保证菜品质量、调料质量，又能降低成本；好的采购规划能节约成本，提高食材物品的利用率。

1. 采购渠道选择

采购员是一个对外的谈判角色，要找到供应商，与供应商"斗智斗勇"，进行渠道的选择优化，压价格、提品质。采购最重要的原则是先看品质、再谈价格。

2. 采购规划能力

采购员应具有整体物资规划能力、整合资源能力。规划能力体现在对库存、每个物品的性状、存储方式以及应用的了解；还体现在能够综合分析该食材如何采购更合理、什么时候采购更恰当、如何存储能减少浪费、与哪些食材搭配采购比较划算等方面。

采购员既要学会采购，也要学会最大化地合理利用现有资源，不造成浪费。

3. 遵纪守法，品行端正

采购员是个特殊的角色，需要严格遵守规章制度，还要有极强的原则性。

4. 工作配合

采购员还要给厨师提供库存清单，与厨师配合对剩余库存进行合理的加工利用，以免浪费；对于过期的、已经损坏的食物进行合理的处理，以保证饮食健康卫生。

Tips：整合资源的能力，即借助别人的资源进行物资的合理采购，降低成本，获得更高的采购性价比，为店面创造利益。例如与其他部门联合，或者与兄弟单位、其他商家同批量采购会极大地降低成本。

5.3.9　传菜员

传菜员负责上锅底、帮助顾客调整味道，还要协助服务员解决顾客就餐过程中出现的问题。小店的传菜员一般由服务员兼任，大店的传菜员可根据实际情况来配置。

1. 主要要求

上菜及锅底要稳、快、准。稳就是不要因操作不当而影响顾客的安全及就餐；快就是及时上菜品，为顾客提供良好的服务；准就是点对点服务，一定要准确送达顾客所点的菜品。

2. 传菜员的作用

传菜员是连接厨房与顾客的纽带，是将厨房与顾客的期望连接起来的重要一环。传菜过程会让顾客充满了期待、期望，所以传菜员传递的是餐厅的精神和厨师的真诚，传菜员在很多时候代替了厨师与顾客进行沟通。

5.3.10　店长

店长负责店面的正常运营、问题解决、经营决策、危机管理、店内各环节的把控、对外关系维护、对内精神引领等工作。

开店免不了应对各类突发事件，这就要求店长具有一定的公关能力。一些大店可以配备公关部，小火锅店就没有必要。

店长一般由有经验、有能力、有眼界或者有人际关系的人来担任。对于小店来说，店长、经理可以由老板一人担任，大店则各司其职为好。

火锅店各人员作用细胞结构图见图5-1。

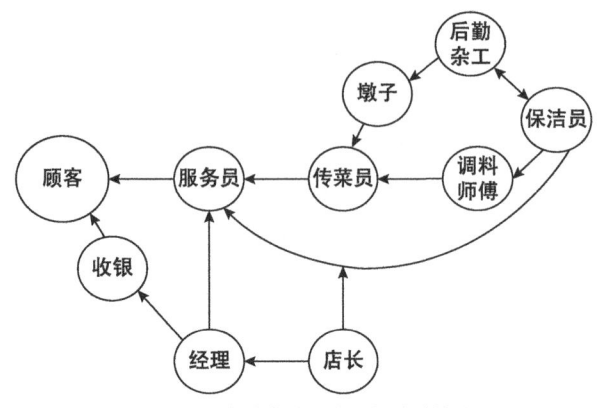

图 5-1　火锅店各人员作用细胞结构图

5.4　制订考核标准

管理店面不能靠个人感觉,考核标准是管理的重点,是店面长期运营的基础。

我们在这里重点讲一些重要的考核标准,其他的要根据实际情况灵活调整,关键是各个岗位的考核要把职能作为重点,而不能流于形式。每个岗位都要有双重考核,第一部分是对于基础工资的考核,就是是否完成了基本的工作;第二部分是绩效考核,激励员工做得更好、更主动,从而提高服务质量。

Tips:总体机制就是制度＋绩效。笔者个人建议在此基础上,所有的考核可以打破常规,不要千篇一律。不同的店面、不同的地方、不同的时间,对各个人员的考核可以不同。不建议用一个特别死板的标准去管理,而是要灵活把控,因为店面情况不同,对人员的要求也不尽相同。

5.4.1　服务员考核

服务员作为店面的第一形象,外在非常重要,因此把形象作为考核的第一项。

1. 形象考核

形象考核的重点为着装、个人气质、礼貌手势、礼貌用语、欢迎步骤细节、情绪管理、沟通能力,每一项都要重点进行培训。大火锅店有必要引入形象管理课程,并设立独立的形象管理部门和场所,以供服务员整理着装、化妆及接受培训。当然,也可以设立对外开放的顾客关怀区,在顾客就餐后为其进行免费的形象设计。

2. 业务能力

服务员考核的第二点，也是很重要的一点——业务能力。服务员不仅是服务人员，同时也是一名出色的"导购"，他可以引导顾客消费，并与顾客建立良好的情感互动，通过照顾顾客的情绪，引导他们建立长久的消费关系。这也是笔者把服务员放在第一位的原因。

Tips：服务员一定要对自己火锅店的特色了如指掌，要能对吃法和每样菜品的搭配提出有用的建议，在建议过程中提高客单价，增加店面收益。

3. 操作规范

服务员考核的第三点就是操作规范。一定要制订一套固定的规范，具体的要求可根据店面情况来归纳，例如店面的走廊有多远，顾客需要操作的距离有多远，需要服务员在这段距离内如何协助；从门口迎宾到进入后的接待，第一步该如何，第二步该如何。然后根据这些硬性的规范进行考核。

服务员的基础考核标准就在这3点的基础上制订，每一项的分数根据侧重点进行规定。

服务员基础考核见表5-8。

表5-8　服务员基础考核表

个人形象（30%）					业务能力（40%）				操作规范（30%）				
服装	卫生	站姿	面妆	表情	产品知识	产品优点的掌握	沟通能力	情绪管理	物品放置	操作技能	服务用语	开单规范	问题处理

服务员绩效考核：按"基础任务量"及"提成"进行，见表5-9。

表5-9　服务员绩效考核表

人均消费（基础任务量）	超额消费完成/人（提成）	老顾客消费/次数（提成）	顾客介绍消费（提成）	顾客满意度

提成也可以变成奖励模式，折合在一起以打分形式给予奖励。

以上表格仅供参考，可以把每一个能提升业绩的方面都作为具体的绩效考核指标，而不要简单地只以服务来定位服务员。

Tips：服务员其实就是集服务与销售导购于一体的角色，但也不能过分追求销售，而应是以服务为主导的销售，否则容易引起顾客的反感，影响回头客的好感度。

顾客满意度一定要匿名打分，可以让顾客通过一些社交平台软件进行匿名打分，这样才客观真实。一些团购网站的留言点评也有参考价值。

5.4.2 保洁员考核

保洁员的考核更多的是定性考核，例如每个区域的卫生情况、特殊区域多长时间清理一次等。小店的保洁员基本上都由服务员兼任。保洁员考核分为日常固定清理规范和临时情况处理两种。保洁员不能对顾客的询问不闻不理，保洁员也得有服务员的素质。

保洁员考核见表 5-10。

表 5-10　保洁员考核表

常规清理（按照区域划分打分）					临时性清理		季节性清理		工作操作规范		
门窗	桌椅	地面墙面	餐具洁具	消毒餐用品	桌椅	地面	通风排气等设备	防虫防鼠防蝇	时间顺序	清扫顺序	清扫质量

5.4.3 收银员考核

对收银员，主要考核其准确性和规范性。收钱打单也是对顾客的一种服务，所以同样要具备服务精神和服务员的素质。收银员要做好统计工作，以供店长进行每日的分析。操作规范主要包括订单、出单、退单、打折等的规范。

收银员考核见表 5-11。

表 5-11　收银员考核表

操作规范					现金规范		票据规范		扫码支付规范		应急处理规范			服务规范			报表统计	
物品登记	金额核算	收取款项	核对找零	出具票据	备用金规范	营业款规范	票据书写规范	票据留存规范	主动扫码规范	被动扫码规范	不同支付处理	硬件故障处理	特殊情况处理	礼仪	用语	形象	顾客信息报表	营收报表

5.4.4 "墩子"考核

"墩子"除了要掌握菜品的切配技能, 还要熟悉菜品搭配、菜品摆放、菜品健康卫生的知识, 了解剩余菜品的加工或腐坏菜品的及时处理方法, 了解各类蔬菜、肉制品以及其他类别食材的储存方式、性状。

"墩子"考核见表 5-12。

表 5-12 "墩子"考核表

切配技能		菜品搭配		菜品卫生		菜品摆放		工作衔接	
质量	速度	规范	美观	清洗程度	有无杂物	规则	及时性	主动性	配合度

配菜时应从数量、味型、质量、形状、色泽、营养、器皿搭配等方面来考虑。"墩子"要学会灵活选择, 例如摆放搭配时数量错开、味型错开、质量错开、性状错开、色泽错开、营养合理搭配等, 这样可以给人比较丰富的感觉。当然, 同一类菜品放在一起会比较整齐。

5.4.5 调料师傅考核

底料的炒制有严格的程序及用料要求, 这些一般都涉及秘方, 所以多由调料师傅自己把握。一般做好调料师傅平时的操作规范考核即可。

Tips: 调料师傅是整个火锅店的核心, 味道的好坏全由他来把控。每个调料师傅的操作细节都不同, 需要考核到位, 并把就职和离职纳入重点考核范围。

调料师傅考核见表 5-13。

表 5-13 调料师傅考核表

口味稳定性		成本把控		原料储存		原料采购协调	
标准把控	量把控	有无浪费	原材料利用程度	有无人为损耗	标准执行	原料衔接	数量把控

5.4.6 经理考核

经理是直接管理员工的, 需要承担管理的责任。除了平时的常规工作外, 经理还需要调动员工的积极性, 做好店内的具体细节工作。

经理考核见表 5-14。

表 5-14　经理考核表

人员安排		工作规划		工作效率		服务质量		员工培训	
岗位安排	工作安排	考勤	完成度	质量	速度	顾客满意度	有无投诉	培训落实	培训结果

5.4.7　后勤杂工考核

后勤杂工对于餐饮店来说很重要，一些细小的工作、店内卫生的保持以及操作的衔接等，都需要后勤杂工来承担。

Tips：后勤杂工需要协助厨房人员完成他们的任务和店面的工作，要求其眼快、手快、脚快。眼快即眼里要有活；手快即要积极动手；脚快即干活要迅速。

后勤杂工考核见表 5-15。

表 5-15　后勤杂工考核表

认真度		勤快与否		工作衔接		人员关系		工作质量	
工作态度	完成度	及时性	是否彻底	有无推卸责任	交接到位与否	同事关系	厨师关系	速度	质量

5.4.8　采购员考核

采购员负责店里所有物品的采购，主要是负责火锅食材和原料的采购，还有店内需要的设备等采购。采购员一般以节约和保证质量为原则。

采购员考核见表 5-16。

表 5-16　采购员考核表

质量把控			数量把控		费用把控			任务时间		工作衔接	
途径是否正规	食材是否合格	损耗把控	是否缺斤短两	是否符合用量	物价把控	物流运输费	费用节约情况	是否按时	工作效率	库管交接	同事交接

5.4.9 传菜员考核

传菜员的速度和熟练程度决定了上餐速度，其与服务员的配合能体现出火锅店的服务状态。传菜员起到传递作用，连接厨房、服务员和顾客，因此这个过程不允许出差错。

传菜员考核见表5-17。

表5-17 传菜员考核表

仪容仪表			工作服从		传菜操作			传菜效率			工作衔接		
衣着	举止	语言	服从上级	工作态度	上餐准确性	上餐动作规范	上餐服务规范	上菜及时性	撤台及时性	摆台及时性	与厨房同事关系	与服务员同事关系	团队精神

5.4.10 店长考核

店长是管理整个店面的人，从人员的管理到日常运营，再到盈利把控，都是他的职责。店长考核的内容主要包括平时的店面管理情况、整体绩效、任务目标的完成情况、紧急情况，以及与老板的沟通、平时问题的处理情况。

店长考核见表5-18。

表5-18 店长考核表

经营指标				管理指标					
月销售额	基础额度	项目销售	业绩提升情况	员工管理	执行力	服务管理	危机管理	行政管理	顾客满意度

5.5 人员面试策略

面试是对人员的一个初步考核，要想找到合格的人才，除了要合理设置面试的环节和问题外，还要求面试官具有较高的个人素质。一些大企业都有一个系统的面试策略，火锅店可根据自己的情况来制订。

Tips：一般我们建议通过看、问、听这3个环节来进行面试，而所有这些环节都为了弄明白一个问题：我们需要一个什么样的人？这就是面试的目的。个人认为，稳定性、个人品质、个人技能这3方面是火锅店面试人员时应重点考虑的问题。

5.5.1　看：以观察来判断

观察是最好的客观审视。

1. 看个人形象

不能以美丑判断人，但可以通过其穿着、形象初步判断其平时的状态和工作习惯。穿着邋遢、形象差的人在工作中也不一定会有多好；穿着整洁，有良好的形象气质，这是人人都喜欢的类型，顾客当然也喜欢。

头发、面部干净，这是最为基本的。女性妆容精致，男性剃净胡须；衣服不一定要正式，但需要得体、干净、整洁。

2. 看举手投足

面试时的表情、动作是基本考验。眼神闪烁不定、惊慌、躲闪游离，这些都是不自信的表现；眼神坚定，会随着询问而直视或调节是比较好的状态。手比较忙乱、小动作不断的不可选；手势顺着交谈而自然变化、不随意摆动最好。腿脚晃动、抖动或跷二郎腿，会引起人反感，这类人员不可选。站立和坐下时都保持身体挺直、不弯腰驼背的为可选。面部表情自然、不呆滞冷漠的为可选。走路不慌张、不东张西望的为可选。有基本的礼仪常识、会主动问候也十分重要，因为这是一位餐饮店工作者最基本的素养。

3. 看整个过程

从面试约定时间、到达时间，到落座、交谈、离开，整个过程都是需要去观察的。这一完整的过程能体现出求职者对待这份工作的态度，以及其可能会暴露出的小习惯。

到达的时间，考验的是时间观念；落座的坐姿以及状态表露了个人的习惯；从交谈中可以判断出求职者的沟通能力以及他对工作的看法和态度；离开时的动作最能体现个人素质。不同的环节可以观察到人的不同状况，这需要我们在面试过程中去观察和判断。

Tips：我们面试时，有个小伙子走路慢慢悠悠，从进门开始整个人就表现出悠闲的状态。虽说他做过相关工作，谈吐也还不错，但落座时很随意，离开时也不打招呼，扭头就走。这说明他有能力，但没有礼貌。这种表现，面试一般不能过关。

4. 看简历或求职表

很多面试都是现场安排填写求职表，在填表的过程中，也可以进行观察。如专注度、填表速度体现出求职者对工作的重视程度；完善的内容和工整的字迹能让人产生好感，体现出求职者一丝不苟的态度；简历与其填写的求职表是否一致，能判断出求职者是否诚实。一般在交谈的过程中，求职者表现出来的各种状态、情绪会直接说明问题，例如不耐烦、不太高兴，或者比较三心二意，此类即可适时终止面试，缩短面试时间；如有紧张、小心翼翼、开心等情绪，说明其在意这份工作，可进行深入了解。不同的表情对应着不同人的性格特点，而这些性格特点是不同岗位需要把握的，例如服务员的性格要更开朗些，对于后厨操作工可不做此强行要求。表情是最好的观察点。

5.5.2 问：设置问题，深入了解

提前准备好面试流程，根据岗位列出针对性的问题。问什么、怎么问都很重要。

1. 工作经验

这是我们最常问的问题，也是比较重要的问题。毕竟有经验能减少工作培训的时间，而且有工作经验者更会带来成熟的观念。

工作经验的多少，能体现求职者可能带来的初步工作价值；做过几份工作能考查其在一定时间内是否频繁换工作，是否忠诚踏实。这是对稳定性和技能的初步考查。

2. 对之前工作及公司的看法

通过评价前一份工作，能看出求职者的在意点，甚至能知道其对待工作的态度、内心想法、工作观念。聪明的求职者都不会轻易说前公司的坏话，而是赞扬，甚至谈到自己的收获，他们不会轻易暴露自己在前一个工作中的不满或者存在的问题。一般满腹牢骚诉说前公司各种不足、各种问题的求职者，虽然算是一个诚实的员工，但并不一定是个好员工，因为他会带来很多的负面信息和负面能量。因此，可以通过这个问题来考查员工的情商。对一味地吹捧前公司的求职者也慎用，实事求是地体现出自己工作态度的才是我们要的人。

3. 对我们招聘岗位工作的理解情况

这个问题主要考查求职者对所应聘的岗位的理解程度，对自己工作的了解和掌握的信息是否符合我们的要求，能否独立思考自己岗位的工作要求，是否做过完整的功课。通过求职者的描述能大概知道对方目前对岗位的理解程度，从而评判人才的可用程度。

4. 为什么从之前的公司离职

这个问题可以考查求职者决定离职的原因，从而掌握其对工作的忠诚度。对求职者最为关注的因素公司是否满足，是否会影响用人时的决策，是否会影响公司的规章制度，是否与公司的文化相冲突等。这个问题和第二个问题有相同的地方，也是对第二个问题的引申。没有实事求是地回答第二个问题，或者没有回答完善的，通过这个问题可以察觉出一些"蛛丝马迹"，从而了解到求职者的真实想法。

5. 自己有没有职业规划和发展方向

这个问题是问清楚求职者是把这个工作当作一个跳板还是有其明确的长远发展目标，面试官同时也能从求职者的回答中了解到求职者将来的发展打算。职业规划清晰的人做事情更有目的性、更有条理，并且更有责任感、更积极，否则就需要考查其可培养的价值。

6. 你觉得工作中什么最重要，影响你工作积极性的因素会有哪些

这个问题是了解求职者的思想状况，了解其对过往工作经验的总结，以及对工作岗位的理解。关注其内心的真实想法，看他是否能融入整体环境；这些因素是否会有特别不好的一面，他的理解是否偏颇而影响到工作的开展；他的哪些想法非常契合我们的发展理念和开店理念。通过这个问题可以考核求职者与本店的契合度，也能考查求职者的应对能力。

7. 自我评价，描述你的特长、优点和缺点

这个问题主要考验求职者的自我认识能力，能否客观地审视自己并准确地描述自己。通过这些主观的描述，我们能发现求职者对自己的态度是积极赞扬还是消极内向，这对于工作岗位需求是个比较好的考核点，这个问题还可以考验其总结归纳能力。大部分的求职者都能清楚地认识自己，知道自己的优缺点，并不断调整自己。

面试官应是一个善于观察、善于提问、善于倾听、善于捕捉求职者信息和心理活动的人。一些问题看似不重要，但回答者的回答状态却显得十分重要，面对同样的问题，人的反应不同，不同的反应恰恰是比较真实的答案。用人就是要善于了解和理解人。

5.5.3 听：倾听表述，全面掌握

善于倾听也是面试官要具备的素质，在求职者的主动诉说中可以了解到他们真实的想法、性格以及沟通能力。因此，面试官不仅要主动地问，还要会被

动地听。

1. 主动表述者

这类人积极性比较高，他们愿意主动说出自己的情况和看法。通过倾听他们的想法，我们可以基本判断出他适合的岗位、兴趣所在，以及个人的稳定性、品性等。

> Tips：我们在面试时，有个求职者说自己做店长有5年时间了，虽然时间不长，还需要不断学习，但他对于岗位的理解比较深刻。他认为现在餐饮业的店长思维太固化，老是停留在用僵化的制度管理服务人员的阶段，导致人员流失率高，而且只会用发传单的方式吸引顾客。好的店长应该具备情绪和感情管理能力，还要熟练掌握互联网社交宣传的技能。鉴于以上认知，我们录用了他。

主动表述者分为两类。

一类是针对最核心的部分进行主动表述，对面试官关注的点进行表述。这类求职者准备充分，正是我们需要的人员。

另一类则夸夸其谈，很多表述都是在抬高自己，甚至有些炫耀的成分；还有些求职者会说之前的单位自从他走后业绩不太好，甚至现场进行评判、建议等。这样的人要谨慎录用。

2. 被动表述者

这类人需要面试者主动询问，他才会回答。通过这样的沟通，我们需要判断他的回答是否是我们想要的答案，他通过回答所表露出的东西是否是我们比较关注的、对我们有利的、与业务契合的，或者看法、见解是否一致以及有什么建设性的见解。

如果求职者回答问题时很简短很被动，内容缺乏真实性，这样的情况要么是求职者不满意不想说，要么就是不善于沟通。这也是需要重点衡量的。

从看、问、听3个方面综合判断，可以使面试更全面、更有含金量，招聘到的人员更合适。

5.6　人员入职培训

人员入职有试用期，试用期的长短根据各自的情况设定。试用期其实也是入职培训期，在培训的过程中能发现哪些人可用、哪些人不能用，这是一个初步的考核。

入职培训主要从以下5方面进行。

1. 餐厅概况培训

让新员工了解并熟悉餐厅各方面的情况。

对餐厅各环节的熟悉。餐厅都有哪些工作环节、哪些部门，各部门都负责什么，这必须让新员工了解清楚，让他们知道有什么问题应与哪些部门沟通。

对各个人员的熟悉。同事之间的介绍、熟悉，让新员工能更快地融入团队、融入工作，不会产生孤立感。

对各个设施的熟悉。熟悉店内各方面的设施，了解设施的作用及位置，方便新员工操作。

2. 规章制度培训

新员工必须了解餐厅的规章制度，这样才能更好地开展工作、接受管理。对工作制度、请销假制度、管理制度、岗位制度、奖罚制度等各个环节的各项制度都要了解到位。

3. 餐厅文化培训

让新员工了解餐厅文化、融入餐厅文化、习惯餐厅文化、崇拜餐厅文化、拥护餐厅文化。餐厅文化是认同感和凝聚力的体现，它对培养员工的忠诚度及责任心有很大作用。

4. 思想认知培训

对于自己岗位理解的培训，即认知这份工作，并深刻领会该工作对自己的意义。思想认知的培训有助于让员工更清楚自己在做什么、应该怎么做、自己会得到什么，帮助员工树立一个正确的努力方向和奋斗目标，将新员工对餐厅的认同及贡献与个人的发展紧紧捆绑在一起。

Tips：我们给员工做培训时，首先会问他们为什么选择这样一份工作、从事这份工作意味着什么。大多数员工面面相觑，不知道怎么回答，有些说为了赚钱，有些说为了学习和积累经验。我告诉他们，选择这个岗位只为了4方面：一是尊严，不让别人说自己，在亲戚朋友面前有面子；二是钱，有更多的财务自由，给自己爱的人买他们不舍得买的东西；三是前途，我们都希望一步一步往上升，达到事业的顶峰；四是快乐，如果工作得不快乐，谁也坚持不下去。这就是我们能给他们的，而他们如何能获得这些，这才是关键。

5. 专业技能培训

无论有无经验，都需要参加专业技能统一培训，以熟悉新餐厅的技术要求、业务规范。根据不同的岗位要求进行技能培训，主要培训适合餐厅的操作技能。

技能培训分为两部分。一部分是集中培训。统一集中进行培训，能节约培训时间和费用，而且能形成统一的认识。另一部分是一对一培训，比如由老员工一对一培训新员工。

上岗前的技能培训非常重要，它能避免新员工在上岗后出现各种原则性的问题。

5.7　人员管理

不管是人性化管理还是军事化管理，都各有优劣，各个火锅店都有不同的做法。个人建议不要完全照搬别人的管理制度和模式，只需要借鉴。管理就是管人，不同店面的岗位、文化和人员都不尽相同，因此管理制度也需要量身定制。

5.7.1　人为什么难管

人的思想、心情等所有的情况都可能影响到人的行事作风和心理状态，这就是人难管的原因。管理学其实是一门人性心理研究学。所以，我们制订任何方案都一定要以顺从人性为出发点。管理不仅要管人员不要去做什么，而且要管人员怎么去做。

关于"不去做什么"的管理，日常的规章制度、岗位制度已经解决了这部分问题，只需设定好"红线"，不要逾越即可。管理的重点在于怎么管人员积极主动地去做什么。

5.7.2　人为什么要主动做事情

人主动做事情有 3 种情况：特别喜欢或习惯的事情，例如玩手机；做的事情能带来足够的收益；有上升空间。

如何从这 3 点出发管理好员工？

1. 情绪管理

培养员工调整和管理自己情绪的能力，不被情绪左右，这样人才能展现其他方面的才能。管理人员要主动管理员工的情绪。对于一个积极做事情的员工，无论其贡献大小，想法成熟与否，即使他有错误，也要表现出对他的认同和赞同。对公司来讲，需要员工认同公司；而对员工来讲，也需要上司和公司认可他。如果员工在个人工作态度、技能或其他方面获得了认同，那么他会更积极地工作。这首先需要我们制订一个管理人员的培训制度，培训他们如何做好管理。

Tips：员工阿紫闹情绪，某天很高兴，工作就特别上心；某天情绪不好，工作就很消极。我观察了两天，发现领导在她犯错误后会对她采取冷暴力，故意不理她，她觉得受到冷落，心情自然就不好。于是我专门找她谈话，让她明白不要做自己情绪的奴隶，不能让情绪驾驭工作，而要让工作驾驭情绪；因为只有工作能给你带来收入，而情绪不会。她豁然开朗。当然，也得让她的领导不要对其采取冷暴力。

2. 绩效管理

绩效管理是为了刺激员工的工作积极性，与海底捞火锅的计件工资一样，干得多当然就得到的多。这种简单的管理却是最有效的，即让员工知道自己的每一份付出都是有回报的，都是有利益可图的，实实在在的收入是最可靠的。再加上其他丰厚的福利，一定要让员工知道，只要努力就有好的待遇。

3. 晋升管理

让员工知道如果自己干得多、干得好，除了收入增加，还能在职位上有上升空间。员工收入增多，但一直停留在一个普通职位上，也会感到不太满意，毕竟除了收入，面子也比较重要。晋升是一个人能力得到肯定的表现，也是社会地位的体现、人际关系的提升。一个人能在一个地方长久工作，很大程度上是看上了这个平台的前途。

从以上3个方面管理到位，让员工积极主动地做好自己的工作，火锅店才能更加有活力、有前途、有收益。

5.7.3 让员工管自己

最好的制度不是强行约束员工，而是员工自发地管理自己。那么如何让员工管理好自己？

1. 让员工成为老板

员工给老板打工，再有利益、再有权力，都不如自己做老板来得实在。

让员工成为老板有几种方法。

给予其老板的权力。划分范围，让其独立自主地进行管理，只看最终效益，以最终效益来说明问题。这种完全自主的方式是给予权力上的划分，提升其积极性，配合计件绩效，是一个比较好的方法。

给予其一定的分红。让其知道工作做好了是有分红的，分红与工资是两码事。这样，他在基本工作都做好的情况下，还能为整个店的发展付出更多的力量，因为最终的结果与他有关。

给予股权。对于一些特别优秀的员工，可以给予股权来进行激励。股权代表他是老板之一，他要为自己而更加努力地奋斗。股权可以奖励优秀员工，也可以鼓励员工入股。这样的方式可以让管理更加有效。

Tips：有人说：我给员工提成，也给员工福利、奖金，也给股权，但是他们工作到一定阶段仍然离职的离职，工作热情不够，这是怎么回事？我说：你犯了几个错误。钱给到了，但钱不是万能的，不要一步给到位，要设置游戏规则，通关才能获得游戏币；跟他们一起玩这个游戏，懂他们，学会跟他们沟通交流；带他们吃喝玩乐，活得愉快；给他们讲他们现在所需要的，房价多高、娶个媳妇得花多少钱、房租涨价、养车每月多少钱。这些也属于管理。

2. 让员工成为一家人

这个说起来可能让人觉得不太现实，但我们要有这样的意识。你认同员工，员工也认同餐厅，但不能仅止步于工作层面。工作上员工可以是老板，但生活中仍旧需要给予他家人般的关怀。例如海底捞火锅，逢年过节都给员工发放家人福利，一是表示感情上的认同，二是让员工的家庭在情感上也有融入，"海底捞"还鼓励夫妻一起工作。这种举措可以说是具有人文关怀，也可以说是情感管理。员工把餐厅当作家，他才有可能源源不断地创造价值。

第 6 章

运营培训：怎样让店面更有竞争力

在开店之前要进行各环节的演练，以免开店时出现各种问题，影响顾客的体验。很多新店在开业期间用大规模的优惠活动吸引顾客，但几天后却鲜有顾客光临，其很大一部分原因就在于新店太过忙乱，顾客体验差。开业前的培训演练可以让各环节更加顺畅，顾客体验更好。

06

6.1 环节演练培训

6.1.1 演练前的准备

开业前筹备演练，主要是考验各个环节能否顺利到位。例如店面开业了，应如何进行采购，菜品回来后应如何交接的；后厨人员每天早上第一件事应该做什么；人员、餐具如何到位，菜品的切配顺序，筹备所需要的时间，火锅底料的准备，配料的准备等。

我们给店内人员的安排是这样的。

- 早上第一件事情是先把汤（高汤）烧开，烧开后根据高汤的浓度去加料。
- 检查调味品，以免没有调味品影响操作。
- 每天所需要的蔬菜最好当天采购，早上采购回来的蔬菜要洗净、切配，在开店前做好准备。
- 前厅服务人员下好菜单和锅底，交给厨房人员，厨房配菜人员应该第一时间调好锅底、配好菜。
- 这是整个的过程，每个店可能具体情况不同，在这个大体的操作流程中需要更详细的规定。

6.1.2 就餐过程演练

演练目的是考验开业时的顾客接待能力、就餐过程中的服务能力，以及餐厅的正常运作能力。

1. 人员的准备

人员分为两类，一类充当顾客，另一类是店面工作人员。所有的人员安排到位，将岗位要求履行到位。充当顾客的正常就餐即可；而服务人员的整个流程是必须重点演练的。

2. 演练的内容

从顾客进入店面的欢迎，到引导落座、点菜、报菜，到顾客等待时间的服务，再到上锅底、上菜，叮嘱吃饭过程中的注意事项，就餐中帮助顾客处理一些细小的事情，吃完饭后的引导买单、收银、送客。整个过程连贯、熟练即可。

Tips：很多店面在开店前没有经过演练，开业促销时虽然人声鼎沸，最后却因为内部的服务混乱，造成很多问题，例如顾客对食物不满意、对服务不满意、对上菜速度不满意等，导致没有二次消费，甚至形成了不良口碑。这也是很多店面刚开起来时生意不错、后来客流量慢慢变少的原因之一。

演练过程可设置一些经常出现的问题，以考验各环节人员的操作规范程度和反应能力。

3.演练处理状况

演练中模拟一些极端状况，以考验各环节人员的应急处理能力，例如顾客发火，顾客太多而无法安排，顾客对优惠活动有质疑等。这种演练以处理问题有条理、能熟练操作为目标。

演练的三大目的：发现问题、解决问题、杜绝问题。

6.1.3　服务实操演练

顾客一般可分为3类：第一类好说话，脾气好；第二类急性子，等不得；第三类素质差，百般挑剔。因此，服务也要分为3类进行实操，每一类在面对同样的问题时，进行不同的服务处理。

第一类：进入店内，进行点餐，服务员应付自如最好。

第二类：考验服务员的耐心，以及引导方式和安抚方式。这些技巧需要平时培训到位。

第三类：考验服务员如何镇定自若、一视同仁、不卑不亢地进行服务。

实操时主要需要解决的是一些挑剔型顾客的具体问题，例如味道一般、菜品不新鲜、服务跟不上等问题。对这些问题加以有效而妥当的解决，是实操的最基本环节。

建议多进行几次实操演练，且在开店前都可以进行；试营业期间也正是实操演练效果的验证期。

6.2 后厨操作技能培训

后厨是把控产品质量的地方，必须特别重视后厨人员的能力。后厨各环节人员必须培训到位，后厨的质量、速度、配合会影响到整个店面的服务质量。后厨人员的技能分为两大类：一类是服务技能，另一类是工作技能。

6.2.1 服务技能

一个良好的后厨操作人员除了对本职工作比较熟悉外，最重要的是要有服务意识。后厨是火锅店的"心脏"，各种工作都是由"心脏"来提供保障的，而其他工作的开展也是为了"心脏"能够保持健康，从而形成良性循环。因此，后厨人员最需要考虑的就是怎么更好地提升业务技能来服务好前厅，服务好顾客。

Tips：后厨人员不只是技术人员，一定要让后厨人员养成服务意识。任何的技术都是要服务于顾客的，技术人员不能醉心于自己的"作品"，而要及时地了解顾客的需求，进行产品的研发更新。服务技能一般又分为工作衔接能力和协助他人的能力。

1. 工作衔接能力

后厨人员不只是一个会操作的机械工，还要懂得如何将流程理顺，懂得如何管理各种衔接关系，这也是一种非常重要的能力。专业技能再强，如果配合不好也会出现问题。因此，让每一个后厨人员学会与他人配合是很有必要的。

常见的后厨人员思想：反正后厨是很多人看不到的地方，做得如何无所谓。不能认为后厨不见人就不需要做服务。将后厨的各个环节把控好，针对顾客在菜品方面提出的任何问题都有解决方案，并且能及时地配合服务员解决前厅出现的各种问题，这就是服务能力。

2. 协助他人的能力

服务技能是"自己愿意这么做"的一个心态技能，能及时地发现问题，自动自发地去解决问题，或者协助别人处理问题，做到"眼里有活"。培养协助他人的能力就是培养一个人的自发意识。

这样的培训可能比工作技能的培训更难一些。人的性格各异，因此要尽量制订一些硬性的、细致的规定，例如将每项具体职责划分清楚，将每个区域应该做的事情划分清楚等，以达到培训的效果。

6.2.2　工作技能

后厨人员分工不同，大体需要以下几种技能：切配菜、调制锅底、炒制锅底。

Tips：切配菜是后厨人员的主要工作之一。相对于其他餐饮店来说，火锅店的切配菜工作要简单一些，只需把火锅需要的食材切配成该有的模样即可。菜品分为原材料、半成品和成品。原材料比如肉卷、土豆片等需要切配；半成品需要再次加工切配；成品需要搭配装盘。除此之外，还需要将所有后厨需要的其他调料及时准备到位。

三大环节培训的注意事项如下。

1. 炒料

炒制的过程应随时控制好火候。火候过小，材料的香味出不来；火候过大，油温过高，熬制的时间控制不好，则会发苦、有煳味，所以建议一直采用中火熬制，这样炒出来的底料味道浓、香味足。炒料的关键在于火候和放东西的时机，这属于非常专业的技术，建议请专业的培训老师，或者将相关人员送到专业的机构学习。

2. 调锅

每种锅底都加葱姜蒜片和调味品。每个锅加多少调味品都是有比例的，调味品的量直接影响到底汤的味道，例如盐加多了会咸，白糖加多了会甜。也可以用其他的配料进行调整，这里只是举例。这些比较专业的技术要掌握得好，更多地依赖学习者的操作能力。

3. 切配

好的原材料必须切配好，否则就被浪费了；切好之后才能摆出好的造型，有了好的造型才可能吸引顾客去吃这个菜。装好盘的菜品会直接影响到顾客的胃口，因此切配技术更多的不在于刀工，而要体现艺术性。装盘可以丰富多彩，根据食材进行创造性的切配。

聘请专业的师傅来进行培训更好，但平时对注意事项都要做到位。

6.3　前厅服务培训

海底捞火锅的服务做得很好，很多人想模仿都学不到精髓，反而"画虎不成反类犬"，这其实是因为没有理解透彻"海底捞"服务的核心。

6.3.1　"海底捞"服务为什么学不会

两个原因：服务员的认同感，以及公司的情感纽带。

1. 认同感

服务做得好是以人员意识为前提的，"海底捞"的服务员普遍文化水平不高，但是对生活都有希望。希望就是动力，当人在低谷时，如果给他们一点点希望，他们就会非常有动力。大部分服务员都是吃过苦的，知道要珍惜什么，知道做好了公司不会亏待他们。"海底捞"也确实做到了这一点，它为大部分员工提供了良好的待遇。

2. 情感纽带

"海底捞"以情感为核心，逢年过节对员工的家人都有问候。这是火锅店和员工的双向互动。这是骨子里向上的欲望、满足其欲望、给予其希望和关怀三种感情交织在一起的一种培训，而并非单纯的我们常见的对服务员的态度与要求。可能在你培训时说了一大堆东西，服务员却并不"买账"，转身说："与我们有啥关系，我又不在这里长干，服务员就挣那么点钱，谁还能当一辈子服务员？"

3. 岗位认知

从服务员发牢骚说的这几句话里，我们就能提炼出很多的问题。

❀ **他们根本看不起这份工作**

看不起的原因是骨子里觉得服务员得不到尊重、收入不高且没有什么发展前景。要知道，现在很多人都好高骛远，"海底捞"现在招聘的一些服务员肯定比之前的更难培训，而且流动性大，这是没办法的事。因为新一代服务员根本没有一辈子要服务别人的观念，都想往上走，而往上走的途径是做其他工作可以，一直做服务员就不行。这是员工不认同这份工作、瞧不起这份工作的体现，瞧不起的根本原因就是这份工作不能给他们带来积极的东西，也可以说是与他们的理想相悖。

● **他们只是将服务员这个工作当作一个跳板**

员工潜意识里都觉得服务员是最容易做的，因为没有任何技术含量。很多人并不是真的学不会"海底捞"的服务，而是没有从根源的文化上、从服务员的意识上去模仿，很多人模仿的只是皮毛，不能坚持长久。最主要的是很多人不明白什么叫服务、服务的本质是什么，觉得服务别人就是低人一等。

当一个火锅店、一个企业不能让员工感到应有的尊严感和成就感时，那么员工也就根本做不好服务。

Tips：服务员其实并不是服务者的专称，每个人都是服务者，老板服务的是市场和员工，员工服务的是消费者。任何行业也都是服务业，因为人构成的社会需要买卖交易，有交易有需求就有服务。

我们做服务培训时一定要从培训员工对服务的认知开始，让员工觉得服务别人是一种荣耀，是一种能获得尊严的过程，而并不是伺候人。

做服务员培训要从以下 4 点入手：认知、前景、尊严、知识。

6.3.2 服务认知培训

服务到底是怎么回事，服务的根本性质是什么，为什么需要服务员——服务员要明白这些问题的重要性并认同服务员这个岗位。服务员并不是卑微的、伺候人的，而是解决顾客在就餐过程中产生的一系列问题的专家。

服务员也是有技术含量的，也是有技能的，而并不只是伺候人。服务员也不是人人都能干的，它其实是有很高的门槛的，只是被一些行业误解了而已。服务员非常重要，他们是第一个与顾客接触的人，他们代表了餐厅的整体水平和能力。

有人说人工智能的发展日新月异，简单的操作人工智能都能完成，服务员会被淘汰。但人工智能再智能，也有无法取代人的方面，那就是情感的特殊性。人工的服务有更多的温度、更多的变化和可能性，服务要的就是这些无法取代的东西，所以将来人作为服务员可能不是服务人，而是服务或者说管理好这些服务智能机器人，用自己的方法解决顾客就餐中的各种问题。未来对服务员的要求会越来越高，服务员可能会蜕变成智慧型餐饮操控者，这就是服务员将来的职业发展前景。

Tips：服务是人在社会活动中的一个本性和本能，每个人都需要服务他人，才能换来他人的服务，并不是说你做了服务员只是单向服务他人。一个卖衣服的老板来吃饭，你为他服务；你去他那里买衣服他也要为你服务，所以大家都是平等的。

意识没有改变，再多的模仿都无效。所以，培训不只需要一纸规定，更多的是要从认知上改变，让员工从心底认可服务员的角色，而不会因为社会上的一些看法产生心理压力。

6.3.3　工作前景培训

工作前景培训是让员工知道这个工作将来的发展方向，产生对职业的向往。要帮其规划好职业发展方向，让其能看到提升机会，从而对自己有信心、有认同感。

要做好这样的培训，需要提前设置好绩效规则、岗位提升规则、分红原则、入股原则等。从岗位上给其相应的权利，从职业上给其上升的可能，从待遇上给其的充分奖励，从前途上给其希望。另外，还要做好职业优势培训。

1. 能提升人的气质

服务员是一项非常能提升个人气质的工作，当你在身体仪态、待人接物等各方面提高了素养，个人的气质和精神也就能立马提升。

2. 能提高人的素养

平时的一些坏毛病能得到纠正。为什么我们平时喜欢与有素养的人打交道？因为与他们接触很舒心，让人心生欢喜。

3. 能磨炼人的性格

性格的养成很重要，服务员要养成懂得分享、愿意付出、乐于助人、喜欢与人打交道的好性格，这种性格能让你在生活和工作中更加如鱼得水。

6.3.4　尊严感培训

尊严感的培训是非常重要的。首先老板就不应该看不起服务员，要让他们受到店内人员的尊敬，让其知道在这个店里是有尊严的。很多人在培训服务员时要么大声喊叫，要么厉声训斥，这都是不可取的。

真正好的培训是让服务员打心眼里觉得受到重视和尊敬。老板尊敬员工，员工才尊敬顾客。所以，无论开会还是培训，一定要给予他们充分的话语权，让他们有更多的主人翁思想。这样他们才有更多的认同感，让其消除服务员低人一等的错误观念。同时，还要让他们也能享受到别人的服务，比如员工的餐饮待遇可以好一些。

Tips：我们附近有个火锅店，每次路过都能看到他们在店外开"晨会"，要么是在训人，要么是在"打鸡血"、喊"加油"。一个月后，当时激情四射的"加油"变成了有气无力的"加油"。人真正的动力来源于今天的奋斗有价值，能看到明天的希望，而且能得到尊重。如果不能做到这些，哪怕你辛辛苦苦天天进行各种培训，服务员的流失率还是很高。

当一个人心里对这个平台、对这个店没有认同感和归属感的时候，再多的培训也毫无用处。

归属感，就是"海底捞"的核心。一旦进入这个平台你就会被接纳为自己人，连带你的家人。这种情感上的连接就是一种尊严感培训。

6.3.5 火锅知识培训

店内的所有人员都需要掌握火锅知识，从而体现出专业性，获得顾客更多好感。

主要要掌握的火锅知识点如下。

1. 自家火锅的特点

一定要知道自家火锅的主打优势，给顾客讲解明白，这能引起顾客极大的兴趣和好感。一个连自家火锅的特点都不知道的服务员一定不是个好服务员。例如火锅的品类、口感、麻或辣的程度，以及为什么这样调整，将这些了解清楚，有了更专业的讲解，顾客对于口味的挑剔也会减少，吃的时候也会觉得就是这么一回事。先入为主的引导特别重要。

2. 自家火锅的调料

大概地了解火锅中包含的调料，这样能更好地向顾客阐述火锅含有什么东西，这些东西起到了什么作用，如何利于口感和健康等。例如红汤，汤底用什么制作会形成这样的颜色。这些专业的介绍会让顾客产生信任感，从而增强对餐厅的信赖感。

3. 火锅优质吃法

多了解、学习一些火锅的吃法，可以给顾客一些吃火锅时的健康食材搭配建议，比如什么食材什么时候放入锅中味道更佳，多长时间从锅中捞出味道更佳等，让顾客感觉到你的服务很专业。这样可以增进顾客对味道的信心和好感，并且拥有仪式感，顾客自己也能学到一些知识。

Tips：火锅店内所有的人员都必须了解自家火锅的优势特点并掌握常规的火锅知识，因为我们会随时遇见顾客关于火锅的各种质疑或者问题，所有人员都必须能回答这些问题，收银人员也不例外，并且掌握这些知识更能让顾客感到专业性和专注感。

4. 如何消除火锅味道

帮助顾客解决就餐中的一些问题，比如如何消除身上的火锅味道，可以建议顾客用特制的、消除味道的产品，也可以在就餐时帮助顾客做一些防范措施，这样的服务会让顾客好感倍增。

5. 如何注意安全

服务员需要对就餐中的安全注意事项了解到位，多掌握一些可能会出现的安全问题，提前预防，提前杜绝，学会正确地处理方法，例如着火应该如何处理。新闻上经常有报道说餐桌着火，服务员用带油的抹布去灭火，结果引发火灾，用水泼洒引发更大范围的火灾等。因此，服务员需要学习不同的着火原因及其对应的处理方式。

6. 了解火锅性状

对于自家火锅性状必须了解，例如，顾客提出这个火锅汤底为什么有些黑色沉淀物或者泛白，这时候服务员需要讲解清楚这是底料里添加的某某食材，否则顾客会以为是产品质量问题。面对火锅可能呈现的不同状态，服务员一定要了解其实质核心的东西。

7. 火锅的制作流程

大体掌握火锅的制作流程，这对服务员也有好处。餐厅可以不定时地安排服务员了解后厨的产品制作、调制过程，让他们做到心中有数；更能理解后厨的操作，在工作对接上也更顺畅；在面对顾客的各种产品方面的问题时也更能自如地回答。

8. 菜品的特点和吃法

服务员必须掌握火锅店菜品和食材的知识点，对每一种不同的食材的特点、口感及吃法都要有所了解。这样针对不同的顾客可以引导其选择适合的食材，专业性的引导更能获得顾客的好感。

火锅知识的培训，对于服务员来说很重要，并不是可有可无，这也是很多餐厅不太重视的一部分培训内容。当顾客遇到产品问题而服务员无法解释时，可能会使顾客好感度下降，造成客源流失。

6.4 服务技能培训

服务技能是服务人员最基本的能力，需要从头到尾进行整体的培训，包括餐饮服务中的一些细节培训。顾客就餐的敏感度比较高，因此需要我们掌握更好的服务能力。

6.4.1 迎宾服务

迎宾服务是服务人员首先要学习的服务，开门迎宾的礼节更能代表一个店面的服务形象。

1. 着装

服装要求统一、整洁，并按照要求穿戴。着装大气端庄，或者符合餐厅的形象气质即可。每天上岗前必须先检查着装，没有问题再上岗。

2. 站姿

迎宾要求站姿合乎规范，经过形体训练或培训后再上岗。一般要求女性身体站直、稍微前倾、双腿并直，左脚或右脚稍微出去一点，就像士兵的稍息一样；双手交叉放在腹部位置，一只手放在另一只手的手背上；面带微笑，表情自然。

3. 语言

问候时的音量适中；语调柔和，语速不要过快；说普通话，咬字清晰。问候的语言包括"您好先生/女士""您里面请""欢迎光临"等常用语言。禁止机械式的问候，用语言配合适当的表情，自然亲切地进行问候欢迎即可。

4. 行为

欢迎的手势，女性一只手微向外张开表示欢迎，男性可稍微张大一些。接着引导顾客入店，等顾客进门后迅速为顾客找到适当的座位，不要行为慌张，也不能慢慢吞吞。走路端正，不要歪歪斜斜，以免给顾客留下不良印象。

Tips：迎宾更多的是让顾客有个良好的印象，作为服务的第一关让顾客产生好感很重要，因此无论是外形着装还是姿态沟通都需要做到标准化、统一化。

6.4.2 就餐前服务

就餐前的服务能让顾客体验到餐厅对自己的重视和餐厅的服务效率，这需要从细节流程做到位。

1. 递菜单

引导就座之后，为顾客递送菜单，动作一定要自然。菜单递给谁、如何递的问题需要注意。一般将菜单递送给宴请的主人或男士，如果顾客全是女士按照首先入席的原则进行递送，或在递送前征求一下顾客的意见，不要递给儿童。

递送时菜单正面向上，从顾客的侧面递送过去，以方便顾客接菜单。递送时双手递送，双手握在菜单的一头，让顾客有足够的空间接过来。

禁止直接将菜单放在桌上让顾客自己拿。顾客在点菜时的问题必须有问必答，要熟练快速地回答，并做好引导。顾客点菜要做好记录，如果顾客直接在菜单上点，就需要给顾客递笔。可以根据店面模式情况对这些细节进行固定的流程培训。

2. 协助点餐

顾客需要推荐菜品时，服务员需要根据具体人数、男女比例、口味偏好、顾客年龄、消费能力、荤素搭配、菜品利润率等因素进行合理的推荐。这些因素能影响消费者的消费体验，分析清楚这些因素，推荐时才能更好地契合顾客的需求，使他们满意。

3. 等餐期服务

点菜完成后是等餐时间，这段时间的服务也尤为重要。顾客消费最讨厌的就是等餐时间过长，这也是为什么有些餐厅将上菜时间作为服务的重点及优势进行宣传。因此，除了快速上锅底、上菜品之外，服务员需要利用好这个时间段，掌握好顾客的情绪。一般有耐心等待的顾客会很悠闲，如果顾客表现得比较没有耐心，就需要服务员想办法解释，缓和顾客情绪，并且催促上餐。

在等待上餐期间，服务员可以根据顾客的情况进行适当的等餐期服务，比如有些顾客会看视频，就可以帮助其取手机支架。禁止无端地打扰顾客，因为有些顾客并不想被热情的服务所打扰，因此需要分清楚、有针对性地进行服务。此外，可以利用这段时间将餐桌上一些没有摆放到位的物品摆放到位，同时牢记流程，思考接下来的服务动作，把一切可能性都考虑进去。

4. 上餐时服务

一定要注意规范操作，并告诉顾客自己操作时的注意事项。原则上不应让顾客自己动手，尤其是使用酒精炉的火锅，需要告诉顾客其危险性，并做好防范工作。将餐具、锅底上完后，依次上菜品，帮助传递员端上桌或放到火锅菜架。

6.4.3 就餐中服务

顾客在就餐中，服务员要保持适中的服务距离，做到有求必应，但也不能过于专注于某一桌的客人，这会让消费者感觉没有隐私。所以，服务的距离以能听见需求又不影响顾客谈话为准则。保持适当的距离也是良好服务的一种表现。

在顾客就餐过程中肯定会产生很多的残留垃圾、弄脏餐具等情况，这需要服务员及时帮助顾客进行清理。对于已经满是食物残渣的餐具，主动为顾客进行更换，并撤换一些可能会有腥臭味的海鲜类生鲜食物的骨碟等。

顾客就餐过程中会有继续点菜的需求，服务员要及时递上菜单，再次进行引导点菜。顾客如有上厕所的需求，需要及时地指引卫生间方向。如果顾客对口味或者菜品有任何的疑问，需要及时进行解答，避免出现模棱两可的答案引起顾客的误会。如需要斟酒或者倒饮料，必须按照规范操作进行，面部表情自然，不要随意地打断顾客的谈话，保持良好的状态。

Tips：服务的间隙注意保持自身的形象，不要太过随便，不要倚靠墙面或者站姿不端正，使顾客对餐厅服务留下不好的印象。服务员是餐厅的形象代表，需要时刻注意自己的形象。

6.4.4 就餐后服务

顾客用餐结束后，首先要递上纸巾，并为其续茶或续免费酒水，还可以适当询问顾客是否需要其他的服务帮助，禁止在顾客走之前就开始清理桌面，这有种赶顾客走的意思。

利用这段时间可以对顾客做一个简短的意见征询，对餐厅的意见、对服务的意见均可，通过这样的互动更能获得顾客好感，而且能收集到顾客的一些反馈，有利于餐厅更好地发展。无论顾客反馈如何，都要以良好的面貌面对顾客，并礼貌地回复说："感谢您的宝贵意见，我们一定参考。"

6.4.5 待客区服务

待客区是一个很重要的服务区域，因为这是顾客等待排队的地方，此处的服务需要体现出餐厅的几大服务意识：协调意识、配合意识、管控意识。

协调意识要求服务人员必须有特别强的协调能力，待客区的所有顾客都需要按照等待序号进店就餐，服务员应主动协调好顺序，安排好入座的秩序，服务好入座的顾客。如果顾客太多，待客区无法容纳，也不能让顾客站着等，而应安排小凳子，这种随机应变的协调能力是非常重要的。

> Tips：待客区服务更能体现服务水平。很多顾客在等餐时难免情绪焦虑，这时就需要服务员做到面面俱到，注意观察每位顾客的状态，及时进行调整引导，并且告知他的排号，示意马上为其安排。如果顾客已经有点饿，可以再取点水果招待他，这也是转移顾客注意力的一种方法。

配合意识就是不管是谁接管的顾客，如顾客有任何需要都应主动去配合并服务好顾客，不能出现"那是你的顾客我不用管"的思想，相互配合特别重要。

管控意识是针对不同的顾客在等待中产生的不同问题能及时、妥善地处理的意识。因为等候时可能会出现插队、顾客之间产生小矛盾或者顾客与餐厅之间产生矛盾的情况，这时候要有感情安抚和管控意识，这里的管控是指管理好顾客的情绪，控制好事情的范围，不能越闹越大。

待客区最重要的是对顾客等候心理的管理，服务员可以通过以下方式进行。

1. 消除无聊感

这部分需要通过待客区的设置和服务员的引导来完成，比如在待客区设置电视、音乐、游戏等娱乐设施，消除顾客的无聊感，服务人员可以偶尔对他们进行问候。

2. 消除焦虑感

等餐时很多人不知道排号到哪里，前面还有多少人，这时候除了先进的智能等候排序系统提醒外，需要服务员时常主动告知并耐心引导顾客等待。

3. 增强存在感

等餐时很多顾客会觉得服务员把他们忘了，或者只关注别的顾客，对他们爱答不理的。这种心理非常普遍，需要服务员进行有效的引导和关怀，告知顾客自己一直很关注他们，在为他们争取好的座位。

4.增强舒适感

待客区可以为顾客提供额外的服务，例如提供小零食、提供手机充电设备、多等候了10分钟可以送一些小礼物等额外的服务，提升顾客的舒适感，从而增强顾客的好感，将等待变得很有休闲感。

这些服务都需要培训到位，主要是让服务人员形成一种自觉的服务意识，从而提升整体的服务质量。

6.4.6 翻台服务

翻台服务是介于前一桌顾客离座和后一桌顾客落座的中间性质服务，翻台服务很重要，如果做不好会使前后两桌顾客都产生不满。主要要注意以下几点。

如果顾客吃完并不着急走，便稍作等待，做好额外服务，或者用结账、兑奖品等活动引导顾客，并提醒顾客注意携带好随身物品。如果送走顾客后发现有物品落下，应及时通知顾客；若联系不上，可先交付于前台，让前台替顾客保存好，随后电话通知领取。禁止私自拿走顾客的东西。

顾客起身时要帮助顾客拉开椅子或挪开通道；帮助其收好外套，可以先送顾客到前台结账，或者帮助顾客无线结账。服务员要将顾客送至门口，说声："慢走，欢迎下次光临！"门迎应对顾客鞠躬或行礼并说："欢迎下次光临！"行进途中如遇到其他顾客出门，应侧身让道，让顾客先过。

如果顾客尚未离桌服务员就已停止服务，会让顾客产生很大的不满，觉得人走茶凉，吃完了服务质量就变差了，影响他们的再次消费。所以服务员要充分了解临近离桌的顾客的意图，进而进行引导，让他们既能尽快离桌，又能理解你的服务。

Tips：为了增加翻台率，有时会出现顾客未离桌服务员就开始清理的现象，引发顾客反感。我们应通过询问顾客还需要什么服务，或者询问顾客对某品的建议，或者告知顾客餐厅有"X小时吃完有奖"的活动来进行侧面引导。

后一桌顾客已入座而桌面仍旧没有清理好，这会给后一桌顾客留下不好的印象。一般我们在送走前一桌顾客后，需要立刻对桌面进行清理，各方面清理到位后再安排后一桌顾客入座。

翻台服务需要注意以下几点。

- 彻底清理桌面，不要有任何前一桌残留的东西。
- 按照平时的环节布置桌面，将餐具等必备物品准备到位，不要让后一桌的顾客感觉被怠慢。
- 操作恰当，不要因为翻台人员多而产生慌乱，一切都按照操作规范进行，不要让顾客觉得餐厅服务不专业甚至被惊扰。
- 注意保持周边的卫生。如果发现周边有卫生问题，应当立刻进行清理。
- 把控好时间，翻台操作不要太久，因为后面还有等候的顾客，翻台需要很熟练，在最短的时间内将一切工作做到位。
- 做好配合，使翻台过程达到无缝对接。

6.4.7　结账服务

结账服务是服务的一个重要环节，这个环节需要灵活把握顾客的结账时间节点。不要催促顾客结账，也不要在顾客无意结账时没有任何的表示。

1. 对顾客巧妙提醒

面对吃完饭一直闲聊还不结账的顾客，可以询问其还有什么需要服务的，或者询问是否还需要点餐，不要意图明显地提醒顾客结账。

2. 帮助顾客核算

积极帮助顾客拿到费用票据，协助顾客进行核对，让对方确认，以免产生误会。帮助顾客进行结算，可以在现场进行结算或者引导其到前台进行结算。根据不同的结算方式提供不同的帮助，如果顾客习惯用手机支付，那么就需要帮助顾客进行支付操作。

3. 找对人进行结算

如果是一群人，必须将账单递给结账人员，这需要在服务过程中了解是谁请客买单，如果是"AA"制，则将账单递给统一付款人。递送账单时双手递送，不要太过随便。

4. 接收现金的礼貌

如果顾客使用的是现金，则服务员需要双手接收，清点清楚后找零，过程中多说礼貌用语，比如"您稍等"顾客确认付账签字后，如需发票，服务员要帮助开具发票。

5. 结账完毕的礼貌

结账完毕一定要礼貌地说："谢谢，感谢您的惠顾，欢迎下次光临。"

结账服务是服务的结尾，不能让顾客觉得进门时热情、结账后冷淡，因此服务一定要连贯，而且结账付款的时候是顾客最为敏感的时候，因此对于账目一定要核实到位，消除顾客各种顾虑，同时让顾客意识到我们是在保障他的权益。

Tips：顾客结算也是服务的重要部分，虽然目前自助结账很普遍，但人工核查可以询问顾客是否开具发票，或者叮嘱"欢迎下次光临"。一个良好的结尾会让顾客产生愉悦感，增加其再次消费的可能性。

6.4.8　不同类型顾客的服务技巧

服务讲求灵活性，是以顾客满意为目的，所以需要针对不同的顾客群体进行不同的服务。

1. 年轻群体

年轻群体在就餐时，自我意识较强，很在意新鲜、有个性的东西，愿意适当地享受个人空间。因此我们在服务时需要针对他们的特点进行服务，不要过分热情，以免对他们造成干扰；可以介绍一些新的菜品以及特别的食材，多准备一些方便看手机和视频的物件。年轻群体对于称呼非常在意，所以一定要以当下流行的称谓来称呼他们。

2. 中老年群体

中年群体更注重品质，对服务方面的要求也更高，服务员必须按照正规的服务流程来操作。对于这一顾客群体来讲，他们已经有一定的阅历，因此交流起来并不会很困难，会很客气，但是很多问题他们也不会当面讲。

老年群体会更在意性价比，吃一顿饭花了多少钱是他们优先考虑的。服务对于他们来说没那么复杂，点菜时帮助他们点适合的菜品和量，不要超过他们的预算。另外，服务时需要注意便利性，尽量把他们安排在方便的位置。

3. 情侣

情侣就餐最大的特点就是要给予他们足够的空间，不要过分地关注，服务时可根据他们的需求引导其点情侣套餐或双人套餐。不要只关注某一方，不要随意夸赞，确定是情侣关系后再搭话。服务完毕后保持一定的距离，不要打扰他们。

以上是针对不同类型的顾客的一些不同的服务方式，需要灵活处理，不要墨守成规。

6.4.9　针对不同特点顾客的服务技巧

顾客分很多种，我们面对不同顾客时，可能发生各种不同的状况。

1. 挑剔型

很多消费者对饮食很挑剔，原因在于餐饮卫生的负面报道太多。遇到此类顾客，一方面服务员一定要给予理解，另一方面服务员不要与顾客直接起冲突，不管顾客对哪方面不满意，按照要求立马换掉即可，不要进行过多的解释，在挑剔的人眼里，你说得越多越像是狡辩。

Tips：挑剔型的顾客本身就很难服务，因此服务员对这类顾客一定要有耐心和良好的心理素质，做到不卑不亢、和颜悦色即可。一定要注意操作的卫生和正规性，不要出现细节上的差错。大部分挑剔型的人都特别注意细节。

2. 犹豫型

这样的顾客本身有选择困难，服务员一定要有耐心，做好引导，帮助他们做最好的选择。首先需要了解他们的喜好，然后根据他们的个人喜好进行引导点菜服务或入座服务。

3. 内行型

有一部分顾客，不管是真内行还是装内行，他们的目的很明确，就是让你不要欺骗他们。因此在面对这种顾客时，在点菜或者其他服务方面都需要表现得很自然，并且让他们主动展现他们的内行，无须戳穿，顺应着他们的意思来进行服务即可。对于他们的评价不要反驳，而是接受、倾听，使他们得到心理的满足即可。

4. 工作型

有一部分顾客在吃饭时可能还会工作，或者一边吃一边谈生意，对于这样的顾客不要去打扰，为对方创造相对安静的空间，为他们的工作提供一定的便利。不要随便插入顾客的谈话，也不要偷听顾客商业性的话题，根据其需求做到有礼有节的服务即可。

6.4.10　服务中出现问题的解决方案

服务中会出现各种问题，下面我们就一些经常出现的、比较典型的问题进行说明。

1. 顾客就餐满座

需要有耐心地引导解释，并且引导顾客在待客区进行等待。不要不耐烦，或因为忙碌而无视前来就餐者。

Tips：就餐满座是顾客很不愿意面对的，难免会有一些抵触情绪，因此服务员一定不要出现相同的情绪，要做好妥善的安排，就算顾客不愿意等而另外选择，也需要客气地说一声"感谢您的惠顾，实在不好意思，希望下次为您服务到位。"这样的话语会令他们产生一定的好感，而不是抱着一腔怨气离开。

2. 顾客换位置

有一部分顾客，因为人数较多，希望坐在一起，因此可能会提出来换位置的要求。这时候需要把握好情况。

首先要征求人数较少的顾客的意见，如果顾客面露难色，或者情绪不好，就不要强求。

如果没人愿意调换，先安抚目前人数较多的顾客，让其稍作等候，并给予一定的优惠措施。

为避免以上问题出现，在安排顾客入座时就要考虑到这些问题，将人少的安排在座位少的地方，把座位多的预留出来。

6.4.11　服务以外的技能培养

多培养服务员的其他技能。服务员并不是机器人，不能总是局限在服务上，要能灵活地与顾客互动。例如，有些服务员很幽默，遇见一些心情好的顾客，会顺其自然地说一些幽默的话语，让氛围更轻松；遇见一些情绪不太好的顾客，能用幽默的话语获得他们的好感，安抚他们的情绪。这些都是额外的技能。

Tips：现在好的服务员越来越重视服务技能之外的一些能力培养，作为主管领导一定要关心服务员本职工作之外的生活兴趣，支持他们发展兴趣爱好既能获得他们的好感，又能提升他们的服务质量。

6.5　订餐服务培训

接待订餐服务的人员需要了解本餐厅的所有情况，包括座位数量、产品情况、目前接受订餐的座位或产品、套餐的数量、价格等。这样，在接听订餐电话时才能给顾客讲明白。

顾客一般通过电话或网上订餐，这两种渠道最为常见，也是需要着重来讲的。

6.5.1　电话订餐

电话订餐是顾客常用的订餐方式，比较方便，相关服务人员需要做到以下几点。

1. 及时性

必须及时接听订餐电话，不要让订餐顾客等待太久而产生不满，一般订餐电话由专人进行接听。在铃声响5声内进行接听，并且需要迅速放下手里的其他工作专心接听，体现餐厅的服务效率，给订餐顾客留下初步的好印象。

2. 问候语

一般为："您好，这里是××餐厅，我是您的订餐员××，您是需要订餐服务吗？"这样的问候语比较完善，具体的需要根据情况进行设置。订餐员的声音要甜美、洪亮，让顾客听到后有个好心情，避免让语调低沉、嗓门大、啰唆、普通话不标准的人员接听电话。

3. 问仔细

顾客订餐时，必须问清楚订餐人姓名、人数、产品、偏好、时间、联系方式等重要信息，并登记清楚，一些重要信息在对方回答后需要进行重点核实。还要告诉对方来就餐时的注意事项，比如提前多长时间来、如何对接、如何找预约人等。

4. 端正姿态

虽然是接电话，但也需要站端正，人的姿势会影响谈话的语气，影响精气神，太过随意的姿势会使说出的话也很随意，会让顾客立刻觉察到。

5. 要有道谢

接待完电话订餐后，需要对订餐顾客表示感谢，以获得顾客好感，比如"感谢您来电订餐，我代表××餐厅恭候您的光临，希望我的服务能给您就餐带来一个愉快的开头，再见！"这样说完后再挂电话，不要说完后就直接挂断电话。

Tips：顾客取消订餐时，不要带有情绪，应表示对顾客的理解，并且欢迎顾客下次光临。对于更改的顾客也需要进行合理的调整安排，不要嫌弃顾客事情多，而要处处为顾客着想，热情处理。

6. 订餐过多处理

订餐顾客过多、电话接不过来时，应按照顺序进行接待。对于没有及时接待的顾客，主动拨打电话道歉，并且说明缘由，获得谅解。

7. 事情干扰处理

订餐时若既有来店直接订餐的，又有电话订餐者，必须客气地示意后者等待，先处理前者的情况，处理完后及时地接待后者，并且一定要说"抱歉，久等了"。

8. 订餐信号不好

在听不到对方声音时，需要有耐心地重复多遍，讲明白你这边听不到，提示对方换一个信号好的地方，如果仍然不行，可以让对方先挂断，你再打过去。不要直接挂断顾客电话，以免产生不必要的误会。主动拨打电话，询问具体情况，也可以利用短信进行回复询问，引导其到网上平台订餐。

9. 订餐信息处理

订餐成功后需要将信息及时地反馈给店长或相关负责人，进行时间和座位的安排，不要因为衔接问题漏掉顾客，造成不必要的麻烦。订餐信息处理可以通过网上平台、内部沟通平台、工作平台等规定方式进行，及时地体现在安排表上。

6.5.2　网上订餐

网上订餐主要是利用相关软件对信息进行处理，比电话订餐更方便。

1. 语言精准

熟练应用客服软件，设置好问候语，比如"您好，很高兴为您服务，您是需要订餐服务吗？"如果顾客已经很明确怎么订餐，这时候需要精准的归纳和描述，例如"您可以先选择需要订餐的时间、人数、口味、套餐，描述下您其他特别的要求，再留下联系方式和姓名。"这种文字性质的工作可以提前归纳出一个比较精准的流程。

2. 文字归纳

归纳好顾客订餐时常问的一些问题，这样在回答时能更加准确。常见的问题有：怎么订餐？××时间有座位吗？我们三个人（人数）可以吗？大概消费需要多少钱？你们的口味都有哪些？目前有什么套餐呢？有什么优惠活动？在实践中随时进行归纳，以便有针对性地回答。

3. 信息记录

将订餐信息记录到位，然后提交到相关的平台，由相关人员进行安排。

网上订餐最主要的是搭建好系统平台，数据化、智能化地进行安排，这样的订餐方式更节省人工。

6.6　新媒体营销培训

新媒体是基于当下网络发展的一种新型媒体传播的方式，很多自媒体就是其中的一员。我们对员工进行新媒体营销培训，是想让每个员工都成为营销宣传员。普通员工的宣传会更有力度和作用，如果每一个人都拥有自己的新媒体受众，联合起来就很厉害。

Tips：全员营销，人人都是媒体，"抖音"等社交化媒体就是最好的平台。可以鼓励员工自拍自秀才艺，形成有效的全员营销策略，使他们的优势成为店面营销的利器。以微信为例，每个员工都有微信，而他们的好友少则几百，多则上千，因此朋友圈是最常用的传播方式。很多"网红"和新闻最早是在朋友圈流传开的，这样的传播无阻挡、无门槛，是适合火锅店的营销方式。

目前我们熟知的新媒体传播平台有微信、陌陌等沟通类社交平台，微博等媒体属性社交平台，"快手""抖音"等短视频社交平台，"斗鱼""映客""花椒"等直播社交平台。这些新媒体平台各有特色和优势，有些是文字优势，有些是图片优势，有些是视频优势，有些是强社交，有些是强内容，但它们的共同优势都是可以增强信任感、现场感、随机感。

一般对于不是专门从事新媒体营销的火锅店人员来说，明白以下4点即可：利用什么渠道，可以发什么，不能发什么，怎么发和发给谁。

6.6.1　渠道的选择

火锅店新媒体营销建议选择自己的私人微信和微博账号，使用"抖音""快手"等社交平台。这些平台都是年轻人比较熟悉和常用的，也很容易操作，只是很多人并不知道什么叫宣传营销，这一点需要专门的培训。

6.6.2　发什么内容

内容的选择非常重要，火锅店新媒体发布的内容肯定是需要简单策划的。

1. 店面日常情况

以真实记录为原则，让顾客更直观地感受到店内的情况，从而引起顾客的兴趣。以第一人称视角记录，从普通店员角度展示店内环境、食材、锅底、服务、内部文化等。

2. 顾客的反馈

多发一些好的顾客反馈，这是比较有可信度的评价，是最好的口碑宣传。这些反馈可以是现场图片、视频，也可以是平台的点评、交谈沟通截图等。

3. 正能量的事情

对店内发生的一些好人好事进行发布，例如有顾客落下了东西，店员为其送去，或者顾客需要什么帮助，店员进行了及时地帮助等。这些正能量的事情，能让顾客看到一个特别有人情味、有正能量的餐厅。

4. 专业技能

可以展示厨师摆盘的技能，也可以展示服务员的某些服务技能，这些专业的技能和细节展现更能引发顾客对餐厅的好感。

5. 有趣的事情

不能一味地发布广告式的东西，真实、有趣的事情更能引起大家的关注，例如，店内一些无伤大雅且不会引发误解的正能量的有趣的事情、店员的搞笑视频、个人的搞笑对话等。

Tips：利用社交自媒体平台应把握有趣、有传播度的原则。社交平台的重点就是"玩"，一定要会"玩"，"玩"得别具一格大家才愿意传播，平台也愿意推荐。陕西的"摔碗酒"就是这样的例子，它通过新媒体的传播成了很火热的一个地方特色。

6. 个人才艺

可以发布店员的个人才艺，让其在店内展示各种才艺，与火锅相关的最好，如果不相关也可以。这样的内容更能引发顾客的关注和兴趣。

7. 店员与顾客的有意义互动

一些店员与顾客的良好互动也是非常好的素材，相互理解和配合的趣事都是可以发布的内容。

8. 餐厅生意良好

多发布展现餐厅生意良好状况的内容，生意好的店顾客都想去尝试。

这些内容只是建议，可以按照这样的思路来进行内容的安排。

6.6.3　什么不能发

新媒体传播速度快，一旦发出去就很难收回来，因此在传播时一定要注意哪些内容是不能发的。这些必须给所有的人员培训到位，因为内容组织不好就成了负面的信息。

1. 店内狼藉不堪，刚吃完饭的场景

这样会引发大家关于火锅店内的卫生、环境和服务的负面联想。

2. 未打扫完，或者正在清理的店内情况

这样的内容会让顾客对来店就餐失去很多的期待和惊喜感。

3. 与顾客的一些纠纷等负面内容

这一类内容不可发布，否则会引发未就餐顾客的极大反感，不管店面如何妥善处理都会使顾客对餐厅产生不好的印象。顾客不会关注事情的起因，只知道事情在这个餐厅出现了，也许自己会遇到，因此打消就餐的意愿，甚至将这一负面内容传播出去。

4. 店内人员的矛盾等负面内容

这一类内容也是坚决不能发布的，因为会让顾客感觉餐厅内部混乱、管理不善，造成很多负面的影响。

5. 发布的时间不对，饭点时发布空荡荡的店面

这一类内容不可发布，空荡荡的店面是在明确告诉顾客：你的餐厅就餐时间没有人，生意不怎么好，这样顾客怎么可能会来你的店内就餐呢？

6. 员工的不良形象

比如直播或发布一些员工衣衫不整、言语粗鲁的内容，这会引起很多顾客的反感。

Tips：所有负面的信息坚决不能出现在自己的平台上，需要让员工了解清楚哪些是负面的，哪些不能出现，因为有些人并不知道哪些内容会影响餐厅的声誉。

将信息发布纳入考核，将内容规范化，有奖有罚，做到人人都是宣传能手。

6.6.4　怎么发布，发给谁

在准确把握发布信息时间点的情况下，要知道怎么发布，发给谁。

1. 怎么发布

一般我们都是在饭点顾客多的时候直播吃饭的场景或者发布相关短视频，在饭点之前发布一些准备好的视频、图片，在休息时发一些搞笑的、店内有趣的东西，这3个时间段需要把握住。如果是直播，需要想好拍摄角度；如果是短视频和图片，就提前处理并审核好内容，然后发布。

2. 发给谁

可以发布到顾客群、个人群、平常宣传用的群，还可以推送给个人平台上的所有用户，有针对性时效果才能更好。顾客的消费能力不同，吸引他们的"点"也不同，所以你可以分别发布，当然也可以提炼出相同的"点"发布。

新媒体人人都会用，我们只需要做好以上几点，把控好内容即可。

第 7 章

宣传策划：如何让店面"一炮而红"

　　好的宣传首先需要一个好的策划，策划不好，再好的宣传方式都起不到效果，这也是很多人觉得宣传不起作用的原因。策划是成系统的一种策略规划，包含渠道选择布控，广告本身的策划等。如果没有提前的分析并策划，广告宣传会散乱无章，而且目标不精准，效果当然不好。

07

7.1 宣传渠道选择

店面的宣传需要符合店面本身的情况，店面情况不同需要的渠道也不同。通过综合分析来确定一个或者几个优选渠道，再通过宣传方式和内容的策划达到最佳效果，不能盲目地宣传。

7.1.1 根据顾客群体选择宣传渠道

根据不同群体的特征来选择宣传渠道，这样在策划宣传方式时会更加精准，更有针对性。一般的顾客群体包括学生群体、普通上班族、白领阶层等。

1. 学生群体

针对学生群体的宣传渠道有很多种。学生是年轻人，接受新事物的能力强，比较喜欢追赶潮流，有个性，自我意识比较强，这是其特点。那么火锅店可以满足学生群体的哪些消费需求呢？可以满足他们的刚需，即喜欢吃火锅；可以满足他们的社交需求，如情侣吃火锅、约会、朋友聚餐。结合这两方面，可选的渠道其实很多。

Tips：对于一家火锅店来说，如果没有足够的人员、精力和费用做这么多的渠道，优选一部分是最好的。在宣传方式上可选优惠券、传单、海报、新媒体等，这些都是比较好的宣传方式。

✦ 校内的渠道

形式上，一般建议印制成比较实用的东西，比如学生喜欢的各种书签、日历、印有足球运动员的海报等。

方法上，可以作为赞助商与学校的各个社团合作。社团聚餐可以打折，而且店内可以打出社团名字，相互宣传。

策略上，可以多做活动，例如给异地学生送温暖、给单亲家庭送温暖等。

了解学生，用他们最喜欢的渠道和方式进行宣传。例如，我们有个火锅店就和某校乒乓球社团有良好的合作关系：球拍上贴上我们的赞助广告，社团学生吃火锅可以打折。

● 校外渠道

校外周边区域也是学生活动的重点范围,例如,与比较受学生喜欢的商店合作,相互宣传,采取住店、上网咖送火锅优惠券,吃火锅送住店优惠券或网咖优惠券等策略。

2. 普通上班族

普通的上班族收入有限,对于消费有一定的性价比要求,需要物美价廉。因此在宣传方式上多强调他们在意的性价比,而在宣传渠道上多选择一些公司和住宅附近的电梯广告、楼宇广告、道闸广告、饮用水桶身广告等。当然也可以用公司福利的名义寻求与公司合作,作为公司聚餐的定点场所。

另外还可以与一些跨界的媒体合作,例如,在招聘媒体上做广告,因为普通上班族比较关注招聘信息。

Tips:深入到办公室发传单,或者与其他行业的业务员合作做广告。例如,可以给办理信用卡的业务员一些优惠券,将优惠券作为办理信用卡的优惠去做广告,办理信用卡送免费火锅券。

3. 白领阶层

白领阶层对品质的要求比较高一些,因此他们对店面的环境及地理位置比较挑剔。针对他们的需求,以时尚、小资情调为重点进行宣传。除了以上楼宇以及办公室广告渠道外,还需要选择另外的渠道,例如白领们会去的健身房、游泳馆、会所、书吧、服装店等,可以在这些地方进行宣传;也可以与其他的餐饮店,例如白领们常去的咖啡馆、休闲吧等做联合广告,相互推广;也可以去各类公司前台,通过公司内部群进行宣传;或者通过外卖进行信息收集,做精准的宣传。

白领们关注时尚杂志、新闻、减肥、文艺等,因此可以根据他们的喜好进行广告内容的调整,做好内容的策划。一般白领都是高学历、高要求,工作强度大,喜欢上班外的放松,因此不要做一些太过低端和太过严肃的广告,以有内涵和轻松幽默为原则。

7.1.2 大型商场宣传渠道

商场的广告可以分为内部广告和外部广告,而内部广告是最为重要的。可以找物业进行广告投放,首先把商场内部的广告做到位,对商场内部的受众宣传到位。

商场广告渠道设置如下。

1. 利用商场特点设置

很多大商场招商都会把餐饮店分类，不允许同类餐饮店竞争，这样既有利于做广告，又能保障商户的利益。

因此，可以在商场内做一些公益性的提示标语，配合自己店面的广告，例如注意安全导视语，卫生间周边、等候区、休息区都是做广告的好地方。

2. 根据商场内部构造设置

投放之前，我们必须了解商场的整体构造；了解人群从哪里进来，从哪里出去；他们都会在哪里停留，在哪里可能停留得久；来商场的都是哪些人。了解了这些，我们就知道了大体的消费群体情况，知道应该在哪些地方去重点做广告。

Tips：选择宣传渠道就和打仗一样，在战斗前先要研究地形，要知道这片区域哪里可以"伏击"，哪里可以通过，人来时可能会走哪些地方，我们应该在哪里提前准备。

3. 电梯周边设置

了解清楚电梯在哪里，有几个电梯、几个入口，下来的电梯在哪里，电梯是几层，每一层都到哪里，每一层都有些什么，人群流动的通道等。先画个大体的规划图，规划图出来后，就可以考虑广告布局了。

电梯旁边、电梯里面要有引导性的标志，必要时还得安排服务员在电梯口接待。

4. 根据每一层的商业情况设置

了解每一层都有哪些商业体后可以考虑商业联合。比如我们常见的一些火锅店与电影院联合，吃一顿火锅送一张电影票；还有吃火锅送游乐券或者读书券。商业的联合不容小觑，作用很多，而且了解这些之后你可以帮助顾客做一个逛商场指南，这种宣传更容易被顾客接受。

5. 商场的出入口设置

这也是要重点考虑广告布局的地方，结合商场和自己的标识，统一进行广告策划。

6. 商场外部广告渠道设置

了解清楚商场外部客流来源方向，根据这些信息去做广告。例如来商场的顾客都是周边的住户，那么可以将广告延伸到周边这些地方，掌握客流量方向后，可以根据路线在公交车、路标、公交站牌、灯杆上做广告。

注意：辐射的范围不要太大，毕竟大老远跑来吃一顿火锅的人是少数。

除了自己做广告外，一些商场会统一进行广告的外部宣传设计，可以与商场协商做统一的广告。内容策划上需要突出商场本身的优势、店面本身的优势，以防止商场外的竞争对手"截流"。

商场宣传示意图见图 7-1。

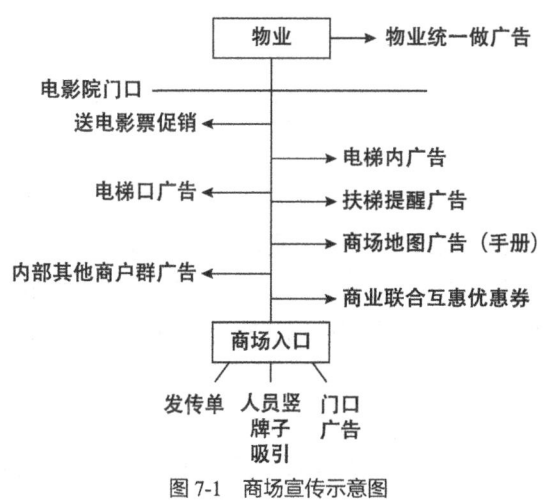

图 7-1　商场宣传示意图

7.1.3　大型工业区宣传渠道选择

大型工业区工人居多，在工业区附近做广告很大程度上依赖于宣传单。大型工业区可做广告的地方有：内部宿舍、其他居住的地方、晚上工人常逛的地段。

了解工人的日常食宿、活动范围、厂区内外情况，再针对性地进行渠道布控。一方面应尽量渗透到工厂内部做广告，另一方面从外部加强广告宣传，也可通过工人微信群或 QQ 群等方式进行在线宣传。

7.1.4　老街道宣传渠道选择

对于老街道，如果是在县城，一些乡镇、村庄都是宣传的重要地点；如果是在城市，那附近的路口区域都是可宣传的地方。

老街道一般老的住户楼比较多，在这些地方做宣传其实也更容易一些，小区里也可以张贴广告，还可以利用水电气等提醒单做宣传。附近的小商业体，如社区卫生所、社区服务站或街道办事处等都可以利用。

老街道里都是熟人，因此要做好"人情宣传"，一传十、十传百，形成良好的口碑效应。

Tips：老街道宣传主要依赖于常年在此居住的人群，他们的口碑宣传非常重要，所以有时候可以给他们打折优惠，让他们带来更多的顾客。街道越久远，居住的人越有共性，找出他们的共性，有针对性地进行宣传。

老街道宣传要把握好一点：利用好话题性、口碑性宣传。例如，我们策划的火锅店求婚活动就是一个比较好的话题性宣传。

7.1.5　步行街宣传渠道选择

步行街与商场有相似之处，但步行街受天气影响更大一些，一般夏季下午、晚上人很多，冬天人相对少一些，根据个人经验，步行街的消费能力相对高一些，面对的年轻人比较多。在步行街开火锅店有两个方向，一个是偏向休闲，另一个是偏向快餐化，例如旋转小火锅。

多做活动是步行街宣传的要点，依靠活动拉人气，容易传播。例如试吃活动、各种展演，有条件可以做大一点的路演，还可以利用易拉宝等道具展示。

每一个火锅店，只要是在步行街、商场，大部分都是活动不断，用各种活动保持人气。因为顾客就餐都有从众心理，哪里人多去哪里，用店内的生意好坏来衡量是否好吃。

Tips：经过我们的研究发现，对于好吃与否的判断，大多数顾客是缺乏理性的，基本上都是听从别人、跟随别人，还有一部分是受服务环境等各种因素影响，所以步行街店面的人气特别重要。

开店时要做好长期活动的策划，必须是能持续的、能变化的、把握好时间段的、能循环的活动，具体的操作后文会提到。

以上只是一部分的例子，有些商圈情况更加复杂，也有一些更为简单，因此需要我们针对不同的情况来灵活选择渠道，确定策略。

火锅店宣传渠道示意图见图 7-2。

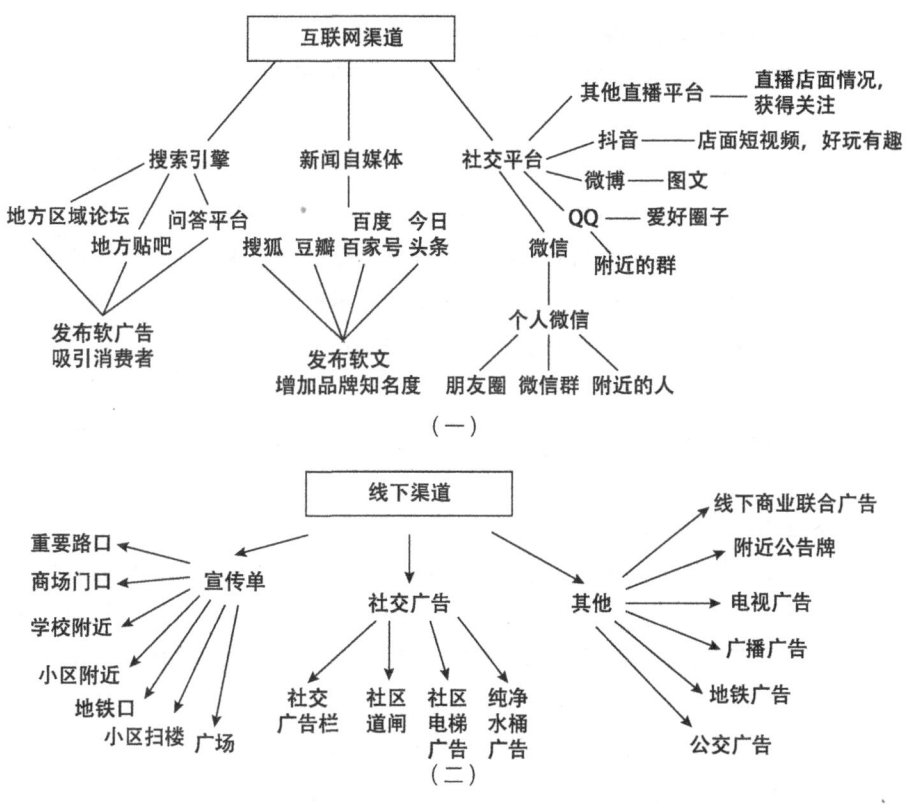

图 7-2 火锅店宣传渠道示意图

7.2 宣传方式策划

好宣传依赖好策划,内容策划的好坏决定宣传效果的好与坏,好策划可以让宣传事半功倍。

7.2.1 谋思篇:宣传策略分析

我们重点分析顾客的情况,针对不同的顾客制订不同的宣传策略。

1. 什么人会吃我们的火锅

根据店面定位,提前判断店面所对应的顾客都有哪些,这些人都在哪里,他们的喜好是什么,然后根据这些信息来做策划,使之准确而有针对性。广告最忌讳太广泛,什么都想表达,什么顾客都想吸引,结果反而没有任何的吸引力。

大而全的东西顾客都会觉得不真实，容易产生质疑。

针对顾客的特点，传递我们想传递的相应的价值观。

举例 我们曾经看到过一个很大的房地产广告，画面是一只大手把钥匙递给一只小手。很多人看了之后都不知道广告想表达什么，大家都匆匆而过，而广告的文案策划人说这则广告的意思是给孩子买房子就是给孩子未来。我建议他直接把这话写出来，但是文案策划人又说，他们面对的不是普通老百姓，而是有文化、有内涵的人，因为这一大片区域的住户文化素质高，消费水平也很高。

策划的思路决定效果，方向一旦错误，做得再好也白搭，这就是分析顾客情况的意义。

2. 这些人消费水平如何

消费水平不同的人，关注点也不同。消费水平高的人更关注食材品质和环境，消费水平低的人更关注价格和性价比。向不同的人展示不同的吸引点，这是策划的关键所在，如果弄颠倒了，就会起反作用，消费水平高的人看不上你的店，消费水平低的人消费不起。这和我们开店的定位是一致的，因此策划的重点要和定位一致。另外消费水平与做活动也息息相关，如果广告上需要宣传活动，在策划时也需要根据消费水平来确定活动的价格、优惠等，才更能把控好消费者的心理价位和心理接受度。

3. 他们除了吃火锅还会消费什么

我们需要了解清楚顾客群体除了吃火锅还会习惯性地进行哪些消费。例如，你是针对年轻人的火锅，年轻的女孩会经常做指甲、染发等，而年轻的男孩常去的是网吧、理发店、游戏厅。这就需要多想想年轻人的消费行为习惯，如果是学校学生，他们感兴趣的地方会是哪些；如果是小区居民，他们感兴趣的会是哪些。

这些延伸的需求会给我们的策划带来意想不到的好创意、好点子。

总体来说，就是给顾客"画像"，针对顾客"画像"来设计、策划，这样就像穿了一件合身的衣服，顾客肯定会买单。

策划的思路就是一个思考和布局的过程，有了这个过程，无论是用图片、用文字，还是用声音、用视频，都能展现出更好的内容。

7.2.2 方案篇：做好策划方案，有的放矢

方案是为了更好地将方法思路执行下去，给操作者一个可依据的流程，使

工作更有步骤，效果更好。因为很多时候我们用嘴说无法表达清楚，写下来更明白。下面我们就以传单为例，做一个策划方案的举例说明。

1. 周边市场分析

市场分析是对受众区域的情况的综合掌握，可以让执行者清楚市场状况，更好地执行和应对各种情况。例如，对该地区住户较多还是工作人员多，这些人都是做什么的，他们的消费水平、上下班时间点、平常的活动范围，周边的商业环境如何，竞争对手有多少，优劣势有哪些，火锅目前在这个地区的市场占有率等情况的分析；对竞争对手的地区分布，我们要发传单的地方的情况的分析；对路段特点、与火锅店的距离、引流时的便利程度、他们来火锅店吃饭的可能性等分析。

这些分析能帮助我们决定采取什么样的方式发传单，在哪里发，分配多少人发等具体问题。

Tips：市场分析常见问题——将市场分析作为一个任务去完成，并不进行实际的分析。这种本末倒置的方式不可取。方案是对行动的安排、总结和归纳，是为了达到某种目的。我们在写市场分析时一定要简明扼要、利于执行；也不用分析整个市场的情况，因为这个方案是给执行人员看的，他们只要掌握清楚传单发放地段的市场状况即可。

2. 目的

要清楚发放传单的目的——宣传店面，让更多的顾客知道店面位置，来店内消费。要让发单员都清楚地知道这个目的。

策划的重点是让发单员知道发放传单的目的不是将传单发出去，而是发出去能达到宣传效果。带着目的去发传单，与只是完成任务、象征性地发传单有很大的区别，而且传单的作用大小与发单员能否清楚地理解任务有很大关系。

3. 前期筹备

一般需要提前计划物料数量、分类、人员的数量、物资配送、前期的培训等。筹备是一个活动最重要的步骤，筹备不充分会造成很多麻烦，因此前期所需要的各方面都必须安排到位。具体的安排都写在前期筹备这一栏目里面，让具体的实施人一目了然，也让主要负责人一目了然。

前期筹备不足可能会导致的问题：物料缺乏，预估错误，浪费时间，达不到相应的效果；分类错误，物料混乱，现场发错物料，造成损失；人员数量不足，很多传单无法有效发出，或者人员数量过多，造成人员浪费；物资配送不及时，造成时间浪费；前期培训不到位，效果不尽人意等。

4. 流程安排

所有的活动依靠流程来安排步骤，井然有序，才不会忙乱。流程安排不当会造成执行混乱、任务不清的状况，也很容易造成只走过场、不考虑目的和效果的情况。

流程的基本内容：什么时间，在什么地方，先干什么，后干什么，到什么地方发送，发送多少，什么时候收队。有了这样一个时间安排线，就能像串糖葫芦一样把各个流程串起来形成整体，有前后顺序、有任务完成时间标准，既节约时间和资源，又将人员作用发挥到位，流程安排见表7-1。

表 7-1　流程安排表

时间	地点	事情
8:00	到店面门前	装好物资
8:30	全部人员到齐	检查人数和物资
8:35	出发目的地	途中观察地点
8:50	到达目的地	安排人员分散到各自负责区域开始发传单
12:00	店门口	吃午饭，检查物资数量是否足够
15:00	到达目的地	继续发传单
19:00	目的地集合	传单发放完毕后，集合检查物资、人数，回店
19:30	店门口	总结情况，整理获取的数据

以上只是简单举个例子，具体流程安排需要根据具体的情况灵活调整。

5. 具体操作

具体操作是要重点培训的内容，这是整个活动的核心。具体操作包括如何发放、发放给什么人，这一环节的培训是为了让执行者出色地完成任务，达到最好的效果。培训的内容包括穿着、站立位置、姿势、说话的语气、表情、话术引导等。

这些前期的操作培训必须到位，因为每一步操作都会起到很重要的作用，否则即使发单员出去一天也会一无所获。

Tips：发单员的着装要整洁统一，站立姿势既拔有气质，不可太随意；说话语气应该客气和善, 具有一定的亲和力; 表情自然不夸张, 递送传单应该笑脸相迎, 给人良好的形象; 做好语言的引导, 例如 "您可以关注我们的微信公众号", "有打折活动" 或 "您可以先品尝, 现在在做活动"。这些语言的引导能起到一定的效果。不能只是站着递送, 像个木偶; 不要给人留下纠缠的印象, 对方有想了解的欲望可以多介绍一下, 没有则客气地递送, 客气地相迎, 快速说出核心吸引力。

6. 执行安排

执行安排是将具体的事情分配到具体的人身上, 每个人做好自己的工作, 责任明确、目的明确。这样便于监督考核, 出现问题归责到人, 同时能加强人员的责任心, 提高效率, 执行安排见表7-2。

表 7-2　执行安排表

什么人	负责什么	执行多少天	达到什么效果	反馈情况
司机	准备物料	3 天	物料完善, 无遗漏、无损失	任务完成
总负责人	带队、安排, 培训人员	4 天	传单任务数完成, 获取有效资源 1 000 个	任务完成 90%
发单员	发单	4 天	根据要求发传单, 发送 2 000 份, 获取有效资源 200 个	任务完成
统计	做资源统计, 评估效果	1 天	统计准确, 给予总负责人分析, 找寻下一步解决方案	任务完成

7. 经费预算

经费预算要提前制作出来, 这样对做活动、发传单的成本有一个估量, 从而推算出我们要达到什么样的结果才合理。发了多少钱的传单, 引来了多少客户, 获得多少收入, 整个性价比如何。分析清楚, 在后期发传单、做活动时针对具体问题进行更完善的策划。

需要根据自己的店面投入、周围的人流量、材料本身的费用、人工成本的费用、其他的交通费用等来进行重点核算。

8. 注意事项

应重点说明外出发传单的注意事项, 包括自身要注意的, 环境要注意的, 以及非人力可控的一些安全因素。自身要注意交通安全、人身安全以及物料安全; 环境要注意的是不破坏环境, 不让传单造成环境污染和清洁负担; 非人力不可控的安全因素包含风雨、暴晒、冰雹等。

一般外出发传单需要把控好人员的发单数量和安全。发传单很容易与其他人员发生冲突，要提前做好应对冲突的准备。还要做好对没发完的传单的安排，以及因为天气等各种原因造成影响时的应对策略。

这些具体的注意事项一定要对相关人员规定到位。

7.2.3　内容篇 1：初步吸引力策划

我们仍然以传单的策划为例来讲。

一般的传单都追求美观而非营销性。传单的作用是非常重要的，你要在千万传单里脱颖而出，就要做出该有的特色。顾客每天在大街上接到的传单非常多，很多人都是前手接、后手扔，有些甚至连看都不看一眼。

我们首先要解决的问题是如何让人愿意接传单。是否愿意接传单，与发单员和传单本身都有关系。发单员如果有一定的发单技巧，那么愿意接传单的人就多。除此之外，传单本身也要做好。

Tips：什么样的传单能让他们愿意接？很多人肯定能想到，就是与众不同的，即看到你的传单他们会发现没见过这样的传单，或者说这样的传单很奇怪，很有意思。也就是说传单一定要能引起他们的兴趣。

传单形式改变分两种：一种是单纯形状改变，另一种是完全形式改变。

1. 单纯形状改变

对传单的形状我们可以进行创新。平常的传单顾客已经很熟悉，没什么新奇的，有新意的才能吸引人，所以在画面形状上可以做出新意。

2. 完全形式改变

这是指采用不同的尺寸，不同的形状，不同的传单道具。例如，我们可以把传单直接做成一个火锅的模样，类似贺卡，折叠起来是一个折页，立起来就是一个火锅，这种形式新颖好玩，顾客肯定不会立刻扔掉。当然这样的传单造价相对就要高一些。

另外，可以做一些火锅的模具，把你要传递的信息放在里面，或者直接在传单上附上一些小物件，例如用气球绑定传单等，这种形式上的改变也会达到人们接受传单的目的。还有一种就是模仿儿童纸质模型，顾客可以组建一个模型，简单易操作。这种方式在形式上就产生了一种互动。

完全形式改变赋予了传单很多附加值，在创新过程中你可以把传单做成各种形状、各种形式，以达到吸引顾客的目的。

以上只是举例，具体操作需要结合自己的实际情况。

7.2.4　内容篇 2：实质吸引力策划

如何让接受传单的人不扔掉传单？要解决这个问题，除了利用新颖的形式之外，还需要写出真正起作用的传单内容。因为你发传单不能只是发了个玩具，或者只是让受众感觉好奇，然后看一眼还是扔了。我们发火锅店的传单，最重要的是要告诉受众有家火锅店味道好、价格好、有特色，在众多的优势里挑选出一个受众最关注的、最感兴趣的去着力描述。这就是广告语的作用，一句好的广告语胜过千言万语。

举例 西贝莜面村的广告语"闭着眼睛点，道道都好吃"给顾客传递出了味道很好的意思。那么我们的宣传单要想在顾客不熟悉的情况下有效果，就要更激烈、更一针见血、更有穿透力。例如我们写的广告语：生活就像小火锅，不管你放不放菜，它都在那沸腾；恋爱就像小火锅，吃着吃着就熟了。

吸引人的广告语有很多，常用的就是"好吃不贵"之类的，想要推陈出新，就要别出心裁，不过必须遵守《中华人民共和国广告法》。

广告内容策划主要考虑突出火锅的特色。例如突出健康的，"火锅里吃出健康和自信""我们不是创造火锅，我们是大自然的搬运工"；突出情怀的，"大锅似曾相识，小锅犹如初恋"；突出味道的，"麻与辣的缠绵"，这些都是可以借鉴的例子，想要体现火锅店的不同优势，策划的内容肯定也是不同的。

7.2.5　内容篇 3：目的吸引力策划

解决了前两个问题后，最重要的还是如何让消费者愿意拿着宣传单来消费。

宣传单加优惠券是现在常用的营销方式。我们做了很多工作，不能仅仅止步于好看、吸引人，还得让他们产生消费的欲望。这时候除了内容的独特，最为实际的就是优惠刺激，例如，我们一般都在宣传单上宣传活动，而这个活动要写得有趣一些，最为重要的是看起来优惠力度很大，活动时间也需要限定清楚。

这个活动时间很重要，如果宣传单没写明活动期限，那么消费者会一直等下去，因为他们会觉得什么时间去吃都可以，反正还没过期。因此，如果活动力度大，时间要限制短一些，设置一个合理的反应期即可，例如3天到1周。

Tips：可以利用时间做一个打折计划，例如当天打5折，过一天打6折，过两天打7折等，以此类推。这是用时间来做的一个引导消费的活动。

做这些的前提是你的活动要足够吸引人。打折活动是最常见的，因为这是与顾客息息相关的，但是打折或者送东西要策划得巧妙，让顾客觉得有意思。例如，我们策划的现场打5折的活动，如果有一处不满意再打9折，"哪里不满打哪里"；对店面进行满意度打分后，根据评估再送东西。

决定了活动，又确定了时间，策划就基本完成了。

7.2.6 内容篇4：巩固吸引力策划

如何让他们成为真正长久的顾客？顾客可以通过扫二维码获得永久打折券，每人限领1张。也可以让顾客关注微信公众号，顾客拍下宣传单并发到店内微信号上即可多获得1张优惠券。这样的方式是为了引导顾客关注店内微信公众号，因为公众号上有更多的机会营销，从而让他们成为固定长久的顾客。

7.2.7 设计篇：好设计才立竿见影

一个好的内容策划，也需要好的视觉设计来配合，"双剑合璧"才能有好的效果。设计是利用视觉元素将策划内容表达出来，从而达到吸引顾客来消费的目的。如果内容策划得很好，但是设计表达不出来或表达错误，就会使效果大打折扣，甚至更糟。

1. 文案策划与视觉设计沟通到位

文案策划一定要向视觉设计人员表达清楚自己想要重点体现的东西，想要一个什么样的效果。这种沟通十分必要，边设计边沟通是最好的，而不只是给设计者一个文稿。文案策划需要配合设计者随时进行内容调整。在视觉化设计中，字的多少会影响整体的视觉效果，这时候可以从内容方面进行优化。

常见的设计问题如下。

● 排版乱。在视觉上没有条理性、没有层次感，内容冗长、结构混乱，视觉效果过于复杂。

● 重点不突出。没有理解清楚广告重点，该有的重点没有突出，用太多的图形和符号掩盖了重要的文案策划信息。

● 只注重美观。设计者只讲求美观，而忽略内容的表达。传单的平面设计毕竟不是美术作品，它带有很强的广告功能性，失去了这个功能就失去了平面设计的意义。

2. 从受众注意力获得设计灵感

接传单的都是行人，如果在几秒内吸引不了他们，传单就会被丢掉。几乎没有人有耐心去看完一张传单，传单的阅读是比手机阅读更快的快速阅读。

Tips：一般受众注意力的顺序是这样的，首先关注传单本身，觉得不错再接过来，然后用眼睛扫一遍图片，最后再仔细去看文字。因此，我们首先需要关注的是传单本身的形式和色调上的吸引力，再考虑配图和文字，三者相互协调。

3. 内容的合理安排

1张传单基本上包含了6个方面的内容：店面名称、广告语、产品图（店面图）、活动信息、联系方式（二维码）、地址。这6个方面是最基本的部分，当然你可以根据所需进行简化。

传单分为正反两面来设计，一般正面包括店面名称、广告语和配图等内容。

店面名称，要让人能够一眼注意到。这是重点，不能看完传单连店名都不知道。店面名称应放在传单版面的最上面，不大不小，比主广告语稍微小点。

用一句独特的广告语来吸引人的注意力。这是核心，能不能让顾客产生兴趣就是一句话的事情。以主广告语为核心，将其放大、醒目地放在宣传单中央。

用非常好的配图，一般都是产品配图，来更直观地吸引人。配图决定了传单的整体美观程度，还能让人注意力集中。

传单反面一般包括活动信息（价格、二维码、地址）。

要有吸引人消费的活动和消费价格。这是我们促销的信息，用于促进消费者消费。这个也可以放在传单正面最顶部，同时可以放店面名称。

接下来是引导关注二维码。这是营销引导，用于获取顾客资源，进行宣传。

最后是店面地址。这是必须告知的重点信息，让顾客知道火锅店在哪里，离自己有多远，怎么到达。

4. 衡量好设计的标准

设计想要达到一个好效果，首先要从整体性入手，先设计好整体色调框架，将重点的部分安排出来，然后利用专业的设计能力来灵活地体现各个部分的内容，比如色调、字体、特殊效果的运用等，让整个传单看起来既不单调，也不会杂乱。

好的设计的衡量标准如下。

● 重点突出。

● 排版合理，容易阅读。

● 色彩吸引人。

● 整体档次高，有设计美感。

前两点是最基础的、必须达到的，满足这两点的设计只能算是合格的设计；能满足后两点的才是比较优秀的设计。

7.3　不同特性的广告策划

7.3.1　网络宣传及图片策划

网络宣传也是一种非常有效的渠道，现在几乎所有的宣传都会首先考虑在网上宣传。最常用的是社交媒体宣传。

关于社交媒体，我们最常见的就是微信、QQ、贴吧等。在这些平台上进行宣传，最有效的、最能快速传播的、最方便的还是图片。我们经常能看到微信群发的图片，图片上面有二维码和产品以及活动信息。

一般一张利于宣传的网络图片，是需要非常认真地进行设计的。在手机上打开图片比传单更有局限性，因此要做到以下两点。

● 更集中重点去突破。不要所有东西都想表达出来，这样显得杂乱、无重点，顾客也没耐心看。

● 要有一定的社交属性。手机上的广告要有一定的社交性，不要做得那么死板，这样顾客才愿意传播你的图片。

这是策划网络宣传图片时的两个原则，搞清楚需要把握的原则，才能更好地将具体的策划实施到位。

具体的策划方式是实现宣传目标的关键，一份好的策划，一定是从内容到排版的最佳结合。网上宣传具体的策划方式如下。

1. 视觉上，直观、美观

视觉方面给人足够的舒适感和吸引力。在饮食方面，大家在朋友圈经常晒什么图片呢？自己做的饭菜或餐厅的饭菜，所以很多时候我们不妨选择以火锅和火锅菜品为主要的宣传素材，比较直观地进行宣传，可以在图中附上就餐地址、订餐电话等信息。这些图片既可以在群里发布，也可以在朋友圈和在一些贴吧论坛上发布。

Tips：朋友圈宣传适宜用美观的锅底图、菜品图、店面环境图、生意状况图来吸引人，也可以发布菜品制作的视频、底料的炒制视频，以及原材料制作的视频等。

2. 内容上有趣好玩，更有传播度

想让顾客传播一定要在内容上下功夫，但真正能做到的却很少。可以借鉴大企业的微博、微信公众号等社交账号内容，可以修改借鉴他们的广告策划。如果你有自己的思路和能力，还可以结合店面和产品本身进行更优质内容的策划。内容既要与顾客的生活相关，又要吸引顾客的注意力，这些都是专业的策划人员要长期学习和思索的事情。具体内容思路如下。

● **与产品相关的延伸**

根据产品延伸出来有趣好玩的内容，例如"快看，火锅店里有两只虾打架"，以此来体现虾的新鲜。这一类内容趣味性和好玩性都有，让顾客在有趣好玩的氛围下完成对广告的传播。还有爱好艺术的朋友，把火锅摆成一幅世界名画，因而得到了广泛的传播。

● **故意揭露型内容**

这一类内容需要特别注意尺度问题，否则一不小心就会造成不良影响，这类内容属于"剑走偏锋"，因此一定要把控好。以揭露吸引人，写的却是无比正面的事情。揭露型的文章往往名字很吸引人，但是看到观点后你不会觉得它是负面的，比如《吃惊，程大个竟然这样干》。如果把控不好尺度，个

人建议不要用这一类的。

● **与顾客相关的故事。**

这一类内容可以引发顾客的共鸣，例如，我们有句广告语写"吃过的苦，让小火锅涮完"就容易让人产生共鸣。笔者还写过一个与顾客之间的故事，你也可以写出店里面发生的一些与顾客相关的故事。例如有一次，几个顾客吃火锅，用手机拍照，不小心把手机掉进锅里了，服务员帮忙捞出来，给换了锅底，并帮忙清理。可以根据这个事件写一篇吃火锅怎么预防手机掉进锅里的短文。这样有趣的应用文可以得到很广泛的传播。

7.3.2 硬生活场景类平台广告策划

这一类的文字包括两方面内容，一方面是描述，另一方面是评价维护。

1. 描述方面

描述你这个东西有多好吃，或者写一个大家想要去吃的理由，如果有活动则更能吸引人。描述类文字可以让一些平台的业务员帮你写好。

2. 评价维护

首先要在这个平台做好口碑维护，与评价不好的顾客进行沟通，获得其谅解并让其修改评价；如果沟通仍然无法解决，可以积极诚恳地给予回复，让其他的顾客看到你的诚恳态度，进而获得好感。回复的内容需要把握以下几点：不能直接回怼顾客；语言诚恳，先道歉，再客观理性分析，不轻易找借口，无论是否为自身过错，解释后要进行自我批评。例如，有顾客评价"这是我吃过最难吃的，辣得要死，上餐还慢，量不足价格还高。"你可以回复："十分抱歉给您带来烦恼，可能我们的产品不符合您的口味，感谢您提出意见，我们会反馈给厨师。就餐高峰期间上餐确实会慢，我们会提高我们的速度。菜品数量和价格是根据不同产品设定的，建议您下次点我们推荐的比较实惠的菜品，再次向您道歉！"这样的回复礼貌、节制、有理有据，容易获得顾客好感。

7.3.3 火锅店网站宣传策划

如果要制作自己的网站，需要在图片的策划上更突出一些。网页是一种纵向的浏览，采用的是从上到下的方式，因此版头的策划首先要吸引人，而后在第二版做介绍，在第三版做详细描述，在第四版宣传特色或者活动，最后就是呈现详细地址、订餐电话等信息。如果不会做，可以参考淘宝店的详情页。现在很多的店面都把微信公众号来当作自己的微型网站，例如很流行的小程序。

Tips: 火锅店可以把小程序作为新零售入口,将线上线下打通。顾客可以在线上订餐也可以在线下订餐,并且可以利用小程序进行社交化的媒体宣传,如拼单,发朋友圈等;而店家可以做一些促销活动,这样能更好地服务于顾客,让顾客不会流失。线上小程序作为网上店面,也可以进一步展示菜品,可以作为电商进行零售,如单独卖底料、食材或送外卖等。

网页的策划讲求条理性,需要从上到下纵向深入地、一层一层地来引导顾客。版头是第一眼吸引人的地方,因此要把最吸引人的图片和文字放在版头;接下来是具体地了解,把产品、口味、环境、特色、服务等一层层地展现给顾客。让顾客浏览网页时犹如进到店内,有一个非常好的网上体验。大部分火锅店网站是用来展示品牌形象和进行订餐的,所以在策划方面更加注重火锅锅底、食材、蘸料等特色的展示。

7.3.4 微信公众平台内容策划

微信公众平台作为店面的一个小网站,可利用的地方很多,如活动推送、顾客点餐付费、菜品选择等都可以在上面完成。

一般的公众平台服务号,结合小程序,能帮助完成商家很多方面的工作,如宣传、点餐、买单等。有很多功能需要付费开发。我们这里讲的是它作为一个宣传工具在策划方面的应用。

1. 注册和命名

微信公众平台注册需要以火锅店的名字或品牌命名,头像设置成火锅店的标志,介绍里写好这个公众号的用途,例如 "× × 火锅,为广大消费者提供独特的体验和口味" 等,主要描述功能和吸引人的特色。

2. 认证

可以利用营业执照进行认证,认证后更加正规、可信。

3. 内容运营

火锅店微信公众平台的内容一般以图文形式来呈现,以便充分展示火锅店的特色。建议最好以图为主,例如,海底捞火锅就常常用文章和漫画的形式来做一些推广。有一篇文章叫《一个人吃海底捞怎样不尴尬》,先说了孤独的含义,引起顾客的情绪附和,然后用漫画逗乐顾客,最后告诉顾客一个人吃海底捞怎么点餐划算,怎样才不会引起误会。这都是小细节,但是很符合一般吃火锅的人的状况,这就是接地气。

关键是整个文章的主题必须符合你的火锅店定位。

Tips：火锅店定位不同，公众平台体现的东西就要不同。例如"怀旧"主题的火锅店，就体现出那个年代的火热，以那个年代的故事为切入点来讲解火锅的吃法和文化。如果是面向大众的，就把更接地气的、喜闻乐见的一些周边小新闻、小乐趣和火锅店里的小趣味作为主要内容进行拓展，吸引更多的注意力。也可以经过顾客同意拍摄一些他们就餐的小视频，或者把制作锅底的小视频上传到平台上，文字、视频结合也是个很不错的形式。

发布平时的促销活动。能长时间关注公众平台的顾客可以算是火锅店的"粉丝"，所以可以时不时地给他们送出一些福利来活跃气氛。微信公众号还可向顾客解释一些平时出现的问题，以及他们无法理解的或者没有理解的情况。

与顾客互动。将顾客反映的一些问题集中在这个平台上去解答。利用公众平台加强与顾客的交流沟通，也是顾客管理的一种方式。做好线上互动更有助于增加人气活跃度，形成顾客自发的宣传。交流能增强顾客对品牌的信任感，获得更多情感上的联系。

7.3.5 事件热点策划宣传：紧跟热点

事件营销分为两类：一类是紧跟热点，另一类是制造热点。而紧跟热点又分为两类：一类是利用网上自己的渠道，例如微博、微信等紧跟热点，另一类是利用线下实体店紧跟热点。

1. 常见的紧跟热点

比如可以将很火的一首歌《火锅底料》作为切入点，向顾客介绍火锅方面的知识，并将这首歌作为店外宣传的音乐，这是紧跟一个小小的热点。当然还有更大的热点，例如电影《火锅英雄》，火锅店可以利用电影海报来包装店面，做促销，向到店内就餐的顾客赠送《火锅英雄》电影票，可以与影院合作。这都是常见的紧跟热点。

2. 顺其自然的紧跟热点

比如，奥运会祝贺我们的冠军夺冠，可以在店门口拉横幅写上"祝贺××获得奥运会金牌,每位顾客消费一次，我们就给贫困体育爱好者捐款1元，祝我们的体育在世界更强"，这样的正能量会起到很大的作用。

3. 无关的紧跟热点

一些与火锅无关的热点也可以去跟随。例如，在一个比较火的电视节目上，某主持人跪着采访一个老人，引起大家的热议。我们就可以打出横幅"每一位老人都是我们的将来，向 ×× 学习，尊敬老人，本店为 70 岁老人免单一次"。这样的热点看似无关，但会引起很多人的共鸣，让顾客产生更多好感，同时又宣传了火锅店。

Tips：紧跟热点，重点不是跟什么，而是怎么跟。任何的热点都可以为我所用，只要找时切入点，站在大众认为正确的位置上去重新描述这件事就可以。所以说紧跟热点是有技巧的，一定要体现正能量。

一个火锅店生意好，肯定是由无限的创意来支撑的。

7.3.6 事件热点策划宣传：制造热点

自己制造热点需要有一定的事件策划能力。能立刻引发顾客关注的才叫热点，例如，店门口求婚活动、店门口表白等。自己制造热点比紧跟热点要难，准备工作很多，把握不好容易成为负面新闻，既要正能量又要顾客关注，这需要比较专业的人员来操作。

能力有限时，可以做一些基础性的热点策划，可以鼓励有才艺的员工在店门口表演。例如，我们组织员工中午在店门口跳舞、唱歌、拍抖音，这些都是能增加人气的方法。

7.4 开业前的宣传

店面开业前是聚集人气的最好时候，宣传也尤为重要。前期的宣传可以提高市场知晓率，还可以积累开业人气。很多宣传方式都可以利用，但并不是所有方式都要用到，也并不是新奇的方式才可以。利用好日常的宣传方式，也可以达到很好的效果。

Tips：方式有很多，例如发传单、拉横幅、打折优惠、开团购；开业时放鞭炮，有条件的请模特站台，请锣鼓手或演艺人员；门口播放广告音乐，室内播放轻音乐；玻璃窗上贴卡通广告语；在QQ、微信上宣传；同附近学校、小区的安保人员打好关系，让他们帮助宣传等。这都是比较常用的一些方式。

7.4.1 导视标志

导视分为两类，一类是店外的导视，另一类是店内的导视。店外导视主要是对新店开业的一个标识性引导，在开业初期需要让顾客知道店面的位置，引导顾客前来就餐。导视有很多表现方式，如横幅、路标、店标等一些提示性标识。

店外的导视需要经城管允许，与物业或周边商业体合作，相当于外部的一个导航；也可以采用广告合作模式，如在灯杆的路标广告上做好导视标志；或者安排店内工作人员穿上火锅店衣服来作为导视。很多店面开业，传单发了，地理位置标注了，但还是有很多顾客找不到地方。导视就是一边做广告，一边为顾客进行位置引导。

Tips：店内的标识主要是要标示清楚店内的区域，方便顾客进店后的就餐，比如标示出就餐区、自助区、待客区、卫生间、操作间等。这些导视在装修时就需要做好筹划。开业期间的店内导视多为一些临时性的布置，比如活动易拉宝等。

7.4.2 微信"附近的人"宣传

利用社交软件进行宣传是很多电商采用的一种方式，实体店应用得也越来越多，这种方式越来越成熟，很多人也习以为常。添加"附近的人"，与线下的发传单有同样的作用，只是一个线上操作，一个线下操作；一个需要物料，一个只需要手机即可，当然效果各有优劣。

目前"附近的人"的功能，除了微信，其他一些知名的社交软件也具备。利用这种宣传方式能快速地告知周围人新店开业的消息。"附近的人"是一对一的宣传，而"附近的群"是一对多的、比较有用的宣传。这些都是可利用的方式。

1.设置招呼语

在与附近的人打招呼时，招呼语比较重要。如"我是××火锅店，新店开业送50元特惠券（每人限1张），欢迎惠顾"，这样的广告相对来说更受欢迎，没有多少人反感。与吃的相关，而且是实体店，这样的信任度比较高。

2.设置好微信头像、名称、签名

名称设置成为火锅店的店名，以火锅店标志为头像，"签名"写上火锅店的开业时间，朋友圈里也发一些店面的情况。

3. 设计邀请函

设计好电子邀请函，放上联系方式、二维码等信息。

4. 附近的群利用

QQ 有"附近的群"功能，可以多加一些附近的群，比如小区、学校群都可以加以利用。

Tips：加群发红包、打广告是现在比较常见的方式。这种方式在QQ群操作比较方便，微信群可以让熟人拉进群后进行操作。区域性的小圈子群体还是限多的，也可以与其他商家交换群进行宣传。

这些方法都是需要提前操作和长期坚持的，并不只是在开业的当天进行。提升知晓率、打开率也有个过程，一般在开业前一个多星期甚至筹备初期就要开始做这样的宣传。

7.5　开业期间的宣传

开业期间的宣传效果影响着店面初期生意的情况，开业期间宣传策略到位能极大地提升店面知晓率，并获得第一批顾客。第一批顾客的数量，一定程度上能决定后面一段时间内的生意状况。虽然不是绝对，但一个店面如果一开业就不温不火，后期人气暴涨的可能性也很小。

7.5.1　开业典礼

开业典礼是一种最常见的广而告之的方式，目的是让周围的人知道开了一家什么店，起到宣传作用，相当于在店门口吸引人气。火锅店面的大小不同，开业活动的规模也不同。重点是将开业典礼策划好，达到最佳的效果。

1. 活动目的

庆祝火锅店开业，聚集现场的人气做进一步宣传，进行促销活动，让更多的顾客了解火锅店并前来就餐，让周边的人都知道火锅店开业。

这里的活动目的要明确写上，让执行的人员都明白我们为什么要这样去做，目的是指明方向，让大家有个清晰的执行路径。如果大家一起朝着这个目标努力去做，自然能取得不错的效果。

2. 活动地点

××地段火锅店。

3. 开业时间

××时间段。

4. 开业主题

祝贺××火锅店开业大吉。

5. 活动对象

周围消费群体、嘉宾、过往行人。可以邀请一些名人、领导或者新闻人士作为嘉宾，有助于媒体曝光和宣传。

活动对象一般就是说活动针对哪些人。这也是一个策划的主题，一旦活动对象确定，策划人员也就知道应该根据这些人群策划哪些环节，这些环节应该怎么规划、布局、设置。整个开业典礼都是围绕着活动对象来的，因此弄清楚活动对象很重要。

6. 前期准备

主要包括场地的协调，周边店面的邀请，亲朋好友的邀请，安全保障措施，流程的设计安排，所需物料的购买，讲话稿、主持稿的安排，进场、离场的安排，车辆的协调安排等。

Tips：所有活动策划的前期准备基本都是相同的，也是尤为重要的。尤其新店开业，如果准备不充分将会直接影响店面在周边地区的口碑，因此在准备阶段一定要完善好每个细节，等准备充分了再开始，而不是仓促"上阵"。活动如果做得不好还不如不做，既然要做就要做好。

7. 前期宣传

在开业之前做一些宣传活动，有助于聚集开业期间的人气，利用各种活动让顾客知道这个火锅店要开业了，邀请大家前来品尝。

开业的前期宣传很重要，不宣传别人可能就不知道你要开新店，要做活动。活动期间如果来的人屈指可数，会让顾客觉得这家店人气一开始就不好，会留下一个不好的印象。因此要提前做好新店开业的宣传，主要是让周围的顾客都知道这里有家店要开业了，让大家聚集起来参加开业典礼。提前宣传就是给开业典礼"热身"，让开业典礼有个好的开端。

8. 现场布置

拱门的布置，舞台的搭建，嘉宾位置、顾客位置、演艺人员的位置，节目环节的设置，流程的安排等都要到位。

在现场根据情况搭建一个活动区域，设计到位后将需要用到的各种材料弄好，这个工作可以找礼仪公司来完成。一般搭建的时候要按照流程去做，从人员进入会场、门口设置到各个区域的摆放，都需要根据情况布置到位。例如，入口处放花环拱门，路两边放鞭炮，一条红毯铺设到门口，店门口放两行花篮，活动主持台旁边的礼仪站位，活动场区的空间用红毯或者桌椅布置，嘉宾位置的桌椅板凳，桌子上的物品摆放，试吃区的产品设置，放几张桌子，安排几个人等。这些工作比较烦琐，要根据店面的具体情况、活动的规模来有选择性地进行布置。

9. 活动策划

例如办理会员卡打折，免费发送物料，进店消费打折，现场抽奖等一些比较实际的活动。

活动策划主要是策划在整个开业典礼中需要哪些活动、哪些环节，这部分是最为吸引人的地方，因此也是整个策划的重点。

举例 猜谜游戏。专门针对火锅店的名字或产品做一些猜谜的游戏设置。

竞答有奖活动。针对新店开业的一些时间、地点、店面的特色、产品等设置一些问题来问现场观众，答对了送火锅底料、优惠券，或者其他礼品等。

表演环节。表演舞蹈或唱歌、快板、魔术等节目以吸引顾客。当然节目的安排也需要设置好时间，什么时间段表演什么，与游戏穿插着来。

会员卡激励环节。现场办理会员卡，消费满多少打几折，激发大家现场办理会员卡的热情。

10. 流程时间安排

例如什么时候入场，什么时候开始，什么时候结束等。

举例 开业典礼流程时间安排。

9：00 音乐开始响起。主持人到位，所有人员到位。

9：30 工作人员到周围宣传引流，吸引更多人到现场。

10：00 主持人开始活跃现场气氛。

10：30 ~ 11：00 正式开始前的节目表演。

11：00 老板上台致辞，活动正式开始。

11：10 ~ 12：00 活动整个流程开始（游戏环节、表演环节，以及促销办理会员卡环节等）。

12:00 ~ 12:30 活动结束，后续在周围地区持续宣传，试吃活动继续，人员继续办理会员卡。

13:00 整个活动结束，清理现场。试吃、促销办会员卡可以持续进行 5~7 天。

11. 经费核算

对物料、场地及人员的所有经费的核算见表 7-3。

表 7-3　经费核算

项目	明细	单价	数量	总费用
拱门	（材质及大小尺寸）			
花篮				
地毯				
会员卡				
宣传单				
火锅底料				
台卡				
易拉宝				
横幅				
人员	（人员的岗位情况）			

这是一个完整的策划范例，从里面可以看出需要准备哪些方面，整个活动策划的核心是什么。活动的关键在于安排好细节，拉动人气，起到宣传作用。

7.5.2　打折活动

打折是火锅店里面最为常见的一种活动，也是大家经常开展的一种活动，这种"古老"的活动到现在还是很实用的，大家也已经习以为常。要想打折出彩，打折效果好，就需要灵活策划，结合当地人的消费习惯、消费关注点来做。

Tips：我们有个店很有新意地进行打折活动，横幅上写着"今天打折，你敢打，我就敢折"，门口放着我们的卡通娃娃，拍中它身上的某个部位就会有相应的折扣，比如拍中胸口是 5 折，拍中屁股是 8 折等。提前制作好卡通娃娃和卡片，将卡片贴在不同的位置，这样的打折活动既有乐趣又有效果。

常规的打折，需要提前想好打折数额，是菜品打折还是锅底打折，是价格打折，还是送额外的菜品。这些需要根据成本核算好。

打折只是吸引顾客到店里，到店后需要进一步加固，例如，打折消费后送一些优惠券。一定要用新颖的方式紧紧抓住顾客，对扫码关注微信公众号的顾客可以进行多次营销。

可以设置每天的抽奖名额、免费试吃名额，获奖名额在当天的顾客中随机产生。把每天抽中的人显示在电子屏幕上，作为宣传和吸引。如果没有电脑随机抽选条件的，可以在现场进行抽奖，例如，我们给每一个锅都命名，锅里面有奖品，然后顾客自己选锅，选中什么是什么，奖品有免费试吃名额，有折扣，有赠送礼品等。

将生硬的打折活动做成一个有趣的互动游戏。

7.5.3 积分卡

设置积分卡，积累到一定程度可送菜、送礼物，比如可以打折吃、免费吃等。积分卡是我们经常用的一种方式，有两种模式：一种是充值类型的，比如充多少钱，吃饭打多少折；另一种是纯粹的积分类，与超市一样，消费的次数越多，积分越多，积到一定程度可以抵一顿饭等，当然，积分卡也可以兑换火锅店里的各种食材、饮料。这种常见的方式是必不可少的，只需做得不同即可。

卡面的内容、字体、样式都可以设计得与众不同。可以根据会员充值的多少来做钻石卡、金卡、银卡等，印制这些卡片的原因一是为了宣传，二是方便顾客将卡片作为礼物赠送给亲朋好友。

Tips：会员系统的应用是个非常好的方式，我们需要设置好会员系统的所有活动，来吸引人办卡、充卡。比如充100元送100元再送价值100元的茶具，这样的方式就很吸引人。同时设置积分制，介绍一位消费者积1分，发朋友圈抖音等积1分，介绍朋友办卡积1分，积累到10分则可以半价消费，积累到20分可免费消费一次。这样的会员设置配合服务员的推荐效果会很不错。

积分卡看似很普遍，但利用好了也会有很好的效果。引导顾客办理积分卡也正是一个宣传提升人气的过程。

7.5.4 1元抽奖

1元抽奖，即消费额再多加1元就有机会抽取免单券、打折券，通常这种活动更能吸引人。1元抽奖是模仿一些彩票抽奖活动。只需要花1元来刮奖，奖品有免费吃一顿，有会员卡，以及其他奖品。你可以提前制作一些抽奖的物料，设置好抽奖的环节，这样有条件的抽奖很多人会更感兴趣。

活动标语就是"1元钱就有机会吃一顿火锅"，足够有吸引力。设置好中奖条件和奖品，对于参与抽奖而没中奖的人可以给予额外的奖励。

抽取免单券是在顾客消费过程中做的一个活动，以促进他们再消费。每个人多消费1元，100个人也有100元。当然这个活动都是自愿参加，在就餐过程中最忌讳过度促销，这样顾客会不想再来。所以这些活动的设置一定要适当，操作一定要适当，不能太过分。

7.5.5 送话费、送流量

消费满多少元就送话费是一种常见的宣传方式，这种活动的可取之处是成本低，而且诱惑力足够，大家都想着消费满多少送多少。送网络流量同样如此，这些小技巧都可以利用。当然，具体送的东西要因时因地制宜，需要根据当下的情况来设置。

7.5.6 支付营销

设置微信代付、凑单、微信邀请好友为你支付可打折，以及与朋友一起第三人半价支付等营销选项，鼓励顾客通过微信邀请好友买单或者凑单，这些都是比较好玩的方式。当然用支付宝也可以。"朋友给你买单，我们给你打折"这样的活动很多人都比较感兴趣。对我们来说，朋友代为支付一次，就多一个人知道我们的火锅店，这也是宣传的一种方式。

Tips: 微信凑单可以利用小程序进行，这种支付方式，让朋友聚餐更加方便，大家平分支付，方便又实惠，比较受大家的欢迎。现在也有很多的拼团模式软件，以低价格吸引人。这样的模式也可以为火锅店的宣传提供借鉴。

7.5.7 形象物合照区

根据店面形象，打造一个有趣好玩的形象物、吉祥物或卡通人物作为火锅店的标识。这样的标识更形象，也更具有亲和力。如果有这样的形象物，可以开辟一些专门供顾客拍照的区域，做成一个有趣的小风景。

不管是时尚的火锅店，还是传统的火锅店，都需要一个形象物。我们可以学习电影院的一些做法，例如，设置一些合照的或角色扮演的区域，让火锅店充满活泼的气氛，不那么死板。

形象物可以由人扮演，即穿一套卡通衣服。这种角色可以两用，既可以在店面门口合影，又可以发传单、做活动。这也是我们经常能见到的一种形式，它的优势是可以很灵活地进行操控，灵活地进行宣传，而且可以表演一些搞怪的节目，更加吸引人。

将餐饮做成灵活、充满创意互动的餐饮，才能积累更多的人气。

以上方法只是举例，供大家拓展思路，不要局限于这些方式之中。随着店面、市场、人群的不断变化，我们可能会发现更多有意思的、有效的宣传方式，不断地进行创造化的变通并加以利用。

7.6　开业后的宣传

开业后的宣传是常态化的宣传，可以按照常态化的宣传方式进行，也可以利用节假日来灵活宣传。有些内容对宣传有直接的指导意义，例如数据，现在流行叫大数据。大数据可通过店面平时的数据沉淀，分析、归纳出的具体规律，从而进行更加准确有目的的宣传。

7.6.1　数据营销法

统计好火锅店每日的各种数据，如就餐量、消费量、营业额、回头客的消费次数、天报表、周报表、月报表、年报表等。

1. 第一层数据，整体消费形势分析

这些数据由餐饮收银系统统计形成，系统自动生成数据报表，通过数据报表我们能看到一个阶段的数据变化，并找出规律。

Tips：经过一段时间的运营，可以看出哪些天营业收入少一些，这些天都有什么特征，是什么因素造成的，人为的因素有哪些，客观因素有哪些。通过对这些问题的分析，我们要总结出哪些因素是可以避免的、可以操作的、可以改变的，从而找出一个应时策略。

如果是人为因素，我们就要调整解决人员方面的问题；如果是店面环境或者自然情况等客观原因，我们就要采取一些对策，例如中午吃饭的人明显较少，那么我们可以采取中午打折力度更大的策略，或者在星期一人少的时候进行促销活动。还要分析我们平时做活动时的一些数据，看活动是否有用；如果这个活动不起作用，那我们就要分析原因到底在哪里，从而想出更好的策略。这是第一层数据。

2. 第二层数据，顾客消费分析

我们要分析出这段时间内哪些顾客的消费次数比较多，他们一般都是哪些地方的顾客，他们的点餐习惯，喜好哪些菜品，这些菜品的价格如何，成本如何。

● 分析出固定顾客的情况

通过这一层数据我们可以分析出固定顾客有多少，固定顾客基本都是哪些，是与距离有关系，还是与消费层次有关系，这样我们就能找出后面宣传的重点，以及对其他顾客我们应该如何想办法去营销宣传。

● 分析出顾客消费喜好

数据里体现出来的点餐习惯包括喜好哪些菜品、这些菜品的价格和成本等，从中我们可以分析出应该如何调整菜品，以及他们喜好菜品的原因。这样调整时就能有的放矢，例如点得比较多的菜，肯定是固定消费的，这一块要保持好，然后考虑怎么样用更好的、同类别的、成本更低的、利润更高的菜品去引导顾客多消费。

● 分析出顾客消费行为

通过消费行为分析，可以得出顾客的行为关注点，了解顾客的需求点，从而可以个性化地调整我们的服务，知道针对哪些用户应该如何去引导他们多消费，对哪些顾客需要做好他们的维护，从而实现服务和宣传的分级化、个性化。

3. 第三层数据，顾客的来源分析

可以分析出顾客基本都是来自哪里。现在的就餐渠道非常多样化，通过这一部分的数据分析，我们就知道他们是通过线上来的，还是从店面周边来的。我们需要根据线上、线下的数据统计和来源对比情况来扩展相应的宣传渠道、加大宣传力度，盲目宣传只会增加成本。

Tips：线上都是通过哪些渠道来的，哪个渠道的人比较多，我们就要看

重投放这一渠道的宣传，当然也得考虑哪个渠道的成本比较低；线下也能分析出他们是从店面周围来的，还是通过宣传单或是其他渠道来的。知道哪个渠道最有用对我们的宣传工作起着决定性的作用。

这些数据的分析对我们至关重要。利用数据来分析和改进方法，可以发现深层次问题，更能为持续增长做保障。

7.6.2　常态化的宣传策略 1：团购

常态化的宣传也是常规的宣传，渠道与平时完全相同，而重点优选团购。

团购可能很多商家都在做，但大部分商家都把工作交给团购平台的业务人员来操作，但其实团购是维护店面品牌的一个重要方面。团购除了前期的策划之外，评论维护和应用好团购的策略也很重要。

举例 我有个朋友经营某饭店，店里主要卖米粉配小菜，还有一些搭配米粉的东西，套餐团购价格一般都是 25 元，他直接降到 15 元，这吸引了很多的顾客来消费，但是他还是盈利的，为什么呢？这在营销中叫辅助理论。他是这么操作的：一碗米粉别人卖 25 元，他卖 15 元（少了 10 元，这力度很多商家都望尘莫及）；米粉的味道确实不错（这是能留住人的关键因素）；他用的是小碗（成年人根本吃不饱），然后搭配配套的一些菜和其他的套餐。别人家的套餐都比较便宜，主食很贵；而他是主食便宜但量少一些，然后其他套餐比别人的贵，即利润不在主食，而在那些套餐上面。这种经营策略在超市里面很常见，他只不过是活学活用而已。

案例中的经营策略也可以应用到火锅团购上面。团购做套餐，双人的或者单人的套餐肯定是不够吃的，那么消费者就需要单点，即先把人吸引来，然后引导他们来消费。所以火锅团购基本都是一些套餐模式的团购。单点的菜品可以设置得比较精细些，价格高一些，可以针对这个套餐来设置。

做生意一定要从常见的方面找出可操作的方式或策略来实施，任何渠道都有其作用，就看你怎么利用。

7.6.3　常态化的宣传策略 2：附带价值宣传

附带价值宣传，设置微信打印机就是个例子。在店里买个微信打印机，顾客关注微信公众号就能自动打印照片，这是一种特别实用的方法，但是目前用的人还是不多。虽然现在电子相册很多，但是大家还是很喜欢把照片打印出来贴在墙上、书页上等。设置微信照片打印机的优势是在打印照片前需要先关注微信公众号，这样周边的顾客就会自动地关注店面的微信公众号，有利于进行促销活动，提升顾客黏度。

7.6.4 常态化的宣传策略3：不定时做活动

不定时做活动，例如在店外打出大标语，对外宣传招募"吃货"活动。

这种活动对于宣传能起到非常好的作用。首先是能聚集人气，能让店面更活跃。活跃是非常重要的，一个火锅店如果长时间处于不好不坏的状态，没有人气，那就离倒闭不远了。因此，我们要时刻以拉动人气为目的，隔三岔五地进行活动。

Tips：招募"吃货"最重要的一点就是我们进行"吃货"评选的条件制订，比如现场进行吃火锅比赛，在规定时间内谁吃得最多谁就获胜，获胜者可获得本店3天的免单卡。店家也别怕吃亏，要知道一般人去吃都会给你带去顾客的，独自去吃的很少。以上只是个例子，你也可以制订其他的一些吸引人的策略，这个可以灵活调整。比赛能让店内气氛活跃，在网上直播赛事还能让店面获得更多的关注度。

不定时做活动的策划要注意以下4点。

1. 奖项的设置一定要诱人

这个是吸引人参加的前提，要足够让人动心，大家才能关注。当然，有争议的奖项设置也可以，例如为情侣和单身设置不同的奖项，引发大家的议论。这种有争议的奖项设置建议一定要把握好尺度，否则会引起人的反感。

2. 活动现场布置恰当

可以在店里进行，当然，经过相关部门同意在店门口开展活动更好。现场布置要简洁大气，这样能吸引人的关注。要提前把流程安排到位，为工作人员分配好任务。火锅店完全可以利用这一天单独做这个活动，当然，也可以专门设置一个场所来做活动，也不耽误店内营业。

3. 评比规则的制订

规则要简单，让大家都能看得懂。规则一定要标注清楚，让工作人员给报名人员讲解清楚，报名人员要关注微信公众号，比赛结果将在微信公众号里统一进行通报。这样也能获取很多顾客的信息。

4. 成本把控

成本预算提前做好，例如场地费用、人员费用、食材费用等。食材、材料、人员最好都使用店内现成的，这样有利于控制成本。

7.6.5 常态化的宣传策略 4：招募"吃货"评委

招募"吃货"评委，让他们来评选本店最受欢迎的锅底、菜品。本店最受欢迎的锅底、菜品、酱料，完全可以由顾客评选，所有自愿参加的顾客都可以参与评选，组成临时评委，让他们吃后进行点评。选出来的产品可以张贴在评比栏里，让后面进店的顾客看到，从而引导他们的点餐行为。当然，所有参与点评的顾客都可以享受打折优惠。

这样的活动能让顾客有参与感，觉得自己能做主，顾客在更加有主动权的时候会对火锅店的印象更好。

另外，平时所用的线上、线下的宣传方式都可以利用。

这些活动都要做成常态化的活动，而不是做一两次就不做了。这些活动不一定全要做，找到适合自己的，做一种并做到位就非常厉害了。

第 8 章

店面运营：如何保持生意稳定

良好的运营是一个火锅店生存的核心。开火锅店初期需要选好地址、做好口味、做好宣传，这些表面上的环节每个人都明白，而具体如何做，这就是进行店面运营需要考虑的。火锅店开店运营不仅要考虑选址、口味、宣传，还要考虑成本控制等很多方面，因此，必须重视运营。

08

8.1　如何控制成本

火锅店的成本控制是对各种因素的综合衡量，不要简单地认为控制成本就是减少菜品采购。

Tips：控制成本是店面平时管理运营中非常重要的一点，是根据整个店的数据情况以及顾客反馈来做的一个整体权衡，而不是一味地为了控制成本而减少某个单量。如果因为控制成本而影响到顾客利益、影响到生意，那还不如不控制，所以衡量控制哪些因素很重要。

控制成本是为了减少支出、增加利润。你需要分析清楚目前的状况需不需要控制成本，有没有到控制成本的阶段。建议新店进行开业运营时不要以控制成本为目的，因为这个阶段是顾客量增长期。

8.1.1　控制成本时机

成本的控制一般是在店面运转平稳之后开始进行，开店初期比较忌讳控制成本。如果不清楚什么时候最恰当，可通过以下数据衡量时机：现在顾客量是否已经饱和，顾客量的增长空间还有多大，一段时间内的生意是否稳定；老顾客占比多少，老顾客消费频次如何，老顾客习惯性消费是否已经养成。针对这几个指标，如果其中一两个符合，或者是全部符合，就可以开始控制成本。

如果不能正确把握控制成本的时机，会弄巧成拙。应该在不同的阶段做不同的事，不能急功近利。通过估算，一般控制成本的时间段为：小店面 3 ～ 6 个月的时候可以尝试进行控制，大店面半年到一年，顾客口碑稳定后，可进行目标性的成本控制。控制成本的时节最好在旺季，淡季不宜刻意地控制成本。

时机掌握准确，控制成本更有的放矢，才不会造成顾客的流失而损伤生意。我们见过很多店面，还没进入盈利时间段就着急地控制成本，结果又因为没掌握好方法，生意还没好起来就一落千丈。此外，我们还应该清楚哪些成本是可以控制的，哪些是不能控制的。

8.1.2 控制成本环节：采购

成本的控制环节有很多，但我们要分清楚在哪些阶段应该控制哪些成本。一般店面最为直接的控制环节有采购环节、人员环节、管理环节。不要简单粗暴地直接减少产品。

单点模式火锅店对采购成本的控制一般是从源头进行，例如采购菜品时货比三家，采购时对数量和时机进行把控等。下面具体讲述如何从这 3 个方面进行控制。

1. 价格把控

例如火锅店现在用的牛肉卷涨价了，可以选取其他品牌的牛肉卷替代，同一食材有不同的品牌可以选择；也可以自己进行肉卷的加工，以减少成本。

一些大火锅店对原料的采购把控都比较严格，主要把控价格。食材的价格上涨对火锅店有一定影响，但对单点的影响不大，因为单点的火锅店可以控制价格，贵的菜品定价也就高一些。

2. 数量把控

控制好采购数量能节约很多成本。例如有些食材储存时间长，大量采购会比较便宜，储存时间短的，就少量采购；食材利用率高的可以多采购，利用率低的就少采购。不要让店内有太多的积压食材，一是占资金，二是占空间，不好管理，食材的管理费也是一笔不小的支出。

3. 时机把控

把控采购时机，即一定要掌握食材的信息、价格信息，还有材料变化，在合适的上新或下架时间去采购。例如，我们去商场采购，一般下班的时候东西最便宜，或者菜品快卖完的时候最便宜，这就是个时机。在保证食材质量的情况下，灵活地采购。另外，当季刚出的蔬菜、水果较贵，采购也可以在其完全成熟时进行。

根据情况灵活把控采购环节。采购的运输费用也需要把控好，供应商提供的产品的品质、数量、交货时间等都需要管理到位。

Tips：自助模式采购环节的成本控制更加严格，也更加灵活，自助替代品的选择更多。在采购上除了渠道的把控之外，还要考虑菜品的利用率，利用率高的菜品我们可以在多采购的情况下，加工成各种菜品，以丰富自助品类。对菜品的成本进行严格把控，超过一定成本的菜品可以不采购。例如我们自助餐本身定价是 30 元，结果采购的菜品 0.5 千克的成本就超过 30 元了，这就不是最好的选择。自助餐的采购更加注重的是价格把控，而其他的方面与单点的相同。

8.1.3　控制成本环节：制作

利用好食材是一个非常重要的控制成本的方法，有些食材我们可以通过一些特殊的烹饪技巧让它们变得更可口、更受欢迎，这样不仅能降低成本还很有特色。这是厨师控制成本一个比较好的方式。

这种二次加工很常见，把平凡的菜品做成不平凡的、受欢迎的菜品，把一些剩余的菜品二次加工成能够正常消费的菜品，这些都是很好的成本控制的方法。

我们通过菜品设计、合理切配，使浪费的食材变少。比如边角料可以作为装饰来利用，剩下的菜品在保证质量的前提下，做成蔬菜汁、蔬菜泥或者肉泥，做成特色美味的饺子。这都是制作环节控制成本的方法。

8.1.4　控制成本环节：储存

储存的时候一定要把食材分类，对不同的食材使用不同的存储方法，这样一方面可以防止腐坏，另一方面也不会影响食材的口感。因此在储存量上、在分类上、在时间长短上一定要把控好。食材储存所消耗的成本不仅有食材本身的成本，还有储存设备的成本，以及水电等能源的消耗成本。

储存不当而造成的食材损失也是非常大的成本浪费。因此，很多的火锅店将储存也当成一个重要的环节。储存上多用心，成本会节约很多。好的储存环境能让储存的东西放得更持久一些。一般储存时尽量用好的储存冰箱，短时间要用的放在保鲜室，过两天用的放在冷藏室，比较久才用的放在冷冻室。

Tips：在储存过程中通过减少不必要的浪费来控制成本，可以从食材采购、装卸、存储、取用等几个环节来控制。有很多的食材就是在这个过程中被浪费掉了。

8.1.5　控制成本环节：切配

切配菜一定要做到大料大用、小料小用、边角料综合利用，这是厨师间流传的规范。因此切配包括清理菜品的环节都是控制成本的重要环节。平时一种菜品浪费一点点，那积攒起来就非常多了。配菜一定要严格按照菜品的规定来控制好量，不能因为用得少了或者多了，造成浪费。用得少了会导致二次加工的成本提升，用得多了会降低品质、让菜品质量改变或造成浪费。所以，每次配多少量应该统一按照平时的规范来操作。

8.1.6 控制成本类别：开店成本

成本控制主要包括开店的成本控制和运营的成本控制这两大类别。开店的成本要从一开始选址算起，是一个综合的衡量。

开店成本分为固定成本和流动成本。开店前期的成本主要来源于选址的时间成本、精力成本、人力成本。当然很多人都不算这些，而是算房租、员工费用、水电费、装修费、设备费用，这几大块统称为固定成本。

固定成本的控制主要是对房租的控制，这个主要根据个人对房屋位置的评估和价值评估，以及自己投资金额的多少来衡量。员工费用的控制可以在管理环节进行，例如削减不必要的岗位，整合工作环节，让人力资源得到更合理的利用，减少人员操作，多用机器操作。

一般相对于其他的店面，火锅店服务员可能较多，但现在发展起来的小火锅，尤其是自助小火锅，对于人员的数量要求很低，极大减少了人员成本。因此，人员成本控制也在于模式的选择上。另外水电费是大致固定的，一般在运营环节需要把控到位。

装修的费用成本主要从装修的造型、材料、做工、工人工资等这几个方面来把控，如材料可以控制，造型不需要复杂。现在的店面都是简约装修、重点装饰，所以装修更加简单。工人工资可以自己对比，在工程质量良好的前提下，严格把控费用。

流动成本，就是初期的采购成本，大部分都是在采购环节，比如消耗性的材料、食材的成本，这些都是流动的成本，这个需要从以上所说的采购过程，以及材料和管理方面进行把控。

8.1.7 控制成本类别：运营成本

店面的运营成本是最为庞大的一部分，每天不管你盈利与否都有大量的资金支出，所以控制这一部分成本是很重要的。整个运营环节的成本包括硬件的运营成本和软件的运营成本。硬件成本就是店内所需要的一些硬件消耗品的设置成本和维护成本；软件成本就是各个部门的设置管理以及人员的费用。

运营过程的人员成本通过扁平化管理，是可以控制的。一家火锅店并不是说员工多就能生意好，只有有用的、能干的员工才能提高店面运营效率和生意量。对于人，要尽其用，培养一个能服务好几桌的有能力者。服务员的作用很重要，他们不但能控制成本、推销菜品、提高利润，而且能监督好每一桌，减少不必要的浪费。

浪费方面的控制也是很重要的, 尤其对自助餐来说, 有很大一部分成本都是浪费造成的, 例如很多顾客给自己弄很多的菜但是吃不完, 这些菜也很难被二次利用, 结果就造成浪费。针对浪费, 目前一般的处理方式还是罚款, 但真正实施的没多少, 最常用的还是收取押金的方式, 这种也是可行的。在减少顾客浪费这个方面, 最主要的方式还是警示、提醒, 让顾客有一个不浪费的意识。

Tips: 顾客的浪费把控是一个非常重要的环节。有些餐厅还用奖励的方式进行控制, 比如我们自助餐48元一位, 没有浪费的奖励5元, 这是一种不伤害顾客感情的方式。

在服务过程中, 服务员点错菜、传错菜、打翻菜、偷吃等都是导致成本提高的原因, 因此在运营中要对服务员培训到位, 各个部分的配合也要到位。在收款的过程中如有错收、漏收等也会造成成本的增加。

真正的节约成本是提高销售量, 销售量高了, 成本自然能降低。

8.2 如何提高翻台率

采取一定的经营策略是可以很快聚集人气的。而在聚集起人气的同时, 还要考虑翻台率, 尤其是自助火锅, 主要依靠的还是量。所以, 很多火锅店会想方设法 "赶人"。但与其 "赶人", 不如 "感人", 让顾客受到感动, 这才是一个店的灵魂所在。

8.2.1 首先别想着 "赶人", 而是 "感人"

说到 "感人", 很多火锅店是无法达到这样的效果的。除了服务之外, "感人" 最难的是让顾客感受到你们满满的诚意。例如雨天为行人单独设置避雨的地方, 当然这需要你的店面积大, 或者屋檐大, 直接写上 "×× 小火锅店, 下雨天为您遮风挡雨, 请到屋檐下避雨", 再安排人送一杯热水。这样做的效果很好, 口碑宣传得很快。一个小细节, 其实可以温暖很多人。凡事尽在细节处, 这只是一个例子。

如果非要 "赶人", 那么一定要 "赶" 得有技巧, 让顾客意识不到是你刻意而为, 而是自己愿意吃快一点, 这属于服务心理学。例如, 服务员用手托着菜等他们吃，或者不断询问他们需要些什么东西，用"过分"的服务让他们觉得不好意思，然后吃快一点。

8.2.2 模式设计起决定作用

当然，最直接地影响翻台率的因素是经营模式设计。例如火锅店分两类，一类大火锅，另一类小火锅；而小火锅又分3类，第一类是旋转火锅，第二类是自助模式的火锅，第三类是单点模式的火锅。相比较来说大火锅一般翻台率低，三五人一起吃个大锅，慢慢悠悠聊着天，很偏向于休闲性质。而小火锅翻台率普遍比大火锅高的原因在于一人一锅，一个人一个口味，自己的菜自己吃，不会受到他人的影响，因此可能吃得比较快。

小火锅里翻台最快的就是旋转火锅，这种旋转带模式是引进国外某种餐饮的形式，一下子让火锅快餐化了。旋转火锅是一个人一个座位，吃完就走，菜直接放在传送带上，顾客随便吃。其他的小火锅类型相比较来说翻台率稍低一些。因此，如果很看重翻台率，选择好模式可以从根本上解决问题。

8.2.3 从操作上提高效率

不能改变顾客时就要先改变自己。例如可以通过加快上餐的速度来提高翻台率，把自己的速度先提上来，就能节省一些时间。将等位的顾客安排好后，可以让顾客先点餐，把菜品准备好，一旦他们坐定就可以直接上菜了，这样可以节约更多的时间。

顾客在入座点餐时服务员需要引导，尤其是不常来的顾客，需要引导他们点菜，不要让其犹豫不决。快速地点菜也是控制时间的好方法，将一些好吃的、不错的能控制在消费水平内的食材推荐给顾客，以节约时间、提高效率。

Tips：服务员加快操作速度，各人员之间做好衔接，能利用软件的利用软件，能智能化的尽量智能化，通过智能传输通道加速各个环节的操作速度，通过产品标准化操作流程提速，都可以极大地提高效率，效率就是金钱。

8.2.4 放一些节奏明快的歌曲

别小看音乐对人的就餐影响，音乐对人的食欲的影响非常大。好的音乐能调节心情，促进食欲；反之则会起到反作用。可以挑选一些不同的音乐在不同的时间进行播放，以制造不同的氛围。火锅店人多的时候可以播放一些节奏明快的音乐，节奏明快的音乐使人心情愉悦的同时也让人很有紧张感，顾客吃饭自然会快一些；在人少的时候播放一些舒缓的音乐，舒缓的音乐能促进顾客的食欲，让他们吃得更久，增加店内人气。

8.2.5　夏天的冷气开足一些

这种环境改变的影响，会让顾客产生本能的自我催促心理：冷气过冷，顾客不由自主地想要吃快一些，然后赶紧走。这种方式能让顾客自己加快速度，而不损害火锅店的形象，大家不可能因为冷气原因不来吃火锅。可能会有些顾客要求将温度开得高一些，但大多数都会赶紧吃完离开。冬天暖气温度可以低一些，这样顾客都觉得冷，可能就会吃得快一些。当然，这种方式并不一定绝对适用，因为冷而不进入火锅店吃饭的概率有多大无法判断，但如果确实影响到顾客的消费决断，那就不要用。

8.2.6　鼓励吃得比较快的

可以采用奖励的方式，顾客也乐于接受，而且还能对火锅店产生比较好的印象。例如 1 小时内吃完的奖励奖品，或者减免餐费，这样能促使顾客在规定时间内吃完。

Tips：提高翻台率要建立在让顾客愉悦的基础上，吃得快就给予奖励，比如小奖状、小礼品，或者打折都可以。有些大品牌火锅店会要求顾客在 2 小时内吃完，因为品牌大，顾客会迁就，但小店不建议使用。

8.2.7　设置不太舒服的凳子

建议设置一些硬座、高座位，或者一些没有靠背的、小一些的凳子。不要太多，适可而止，凳子坐着不舒服顾客就吃得比较快。店里的座椅、板凳也是可以调整的，在人多的时候调换凳子，降低体验度，提高翻台率；人少的时候换回来，灵活地处理。

如果你的店面还不具有一定的品牌效应，或者还没形成一定的口碑，最好不要轻易使用以上方法，否则很容易弄巧成拙。如果人气不足，那么在聚集人气阶段要反其道而行。

其实小火锅店的盈利并不一定要靠翻台率，要根据当地人的消费习惯和人文素质来综合考虑。

8.2.8　利用较长的用餐时间来增加附属消费

如果用餐时间长，可以设置一些环节来增加附属菜品的消费，比如可以向顾客推荐一些招牌小菜，或者一些特色菜品。如果担心推荐会引起反感，可以专门制作一个附加消费的菜单供顾客选择。一般小火锅自助有些食材不是免费的，可以鼓励顾客多消费这些菜品。

这些都是可用的方法，但记住一定不要用力过猛，要以顾客为中心，不要损害顾客的利益，造成品牌价值的贬值。

8.3　如何优化产品

很多的店面都以产品为灵魂，这也是大家比较关注的部分，任何的噱头都只是噱头，随着时间的推移，产品才是最为重要的部分，百年老店就是靠产品、靠口味。

火锅产品的优化，不是完全创新，而是在原有基础上通过大数据分析顾客喜好，根据这些喜好进行产品的优化。数据是最为客观的，我们能看出哪些菜品受欢迎，哪些不受欢迎，以及原因是什么，通过客观反馈来优化火锅产品。

Tips：产品的优化需要突出特色，但特色不能只是噱头，还要实用，在店面基础上做调试性特色优化。

8.3.1　根据顾客喜好进行产品重组

对顾客最喜欢点的菜、点得比较多的菜，以及锅底进行重组，这是我们的重点工作；然后对点得非常少的、基本没人点的菜进行缩减。这样不仅能优化成本，还能获得顾客更多的青睐。

重组之后，我们就要围绕这些受欢迎的菜品来做调整、做文章，根据这些受欢迎的菜品拓展更多的同类别的菜品。例如牛百叶，可以开发出不同品牌、不同品级、不同分量、不同产地的牛百叶等。对于顾客都不喜欢的菜品，用同类的、相近的，或者是创新的品类来替代。例如，小火锅里有很多的汤底料，麻辣、三鲜、番茄、酸菜、鲜椒等，其中有些品类就有人不喜欢。不同地区的人群喜好也不同，例如南方人一般对番茄、三鲜等情有独钟；而北方人及四川、重庆人对麻辣、鲜椒、酸菜情有独钟。我们要集中进行调整，而并不是盲目地调整，如果以麻辣为主，我们就开发出麻辣系列的锅底，以满足不同口味的人群。

8.3.2　根据产品本身进行调整

口味的调整、创新是很难的，这也是我们多年研发中最为关注的问题。产品本身的口味特色在店内很难直观体现，因为只有顾客品尝了才知道有没有特色，这不像装修等外在的一眼都能看出来。现在很少有火锅店真的全心全意在研究产品，但如果我们要开好店就需要在这一点上下功夫，关注产品本身。

重点关注口味的差异化和吃法的差异化这两点，通过这两点来提升产品整体的特色。一要让人看到就想吃，所以产品本身的形状、色调以及盛放的器皿等各个方面都要有特色；二是在味道上进行更多的尝试，把色、香、味（麻辣鲜香）都调整到位，用配料的变化形成整体口感的变化。

Tips：研发产品一定要在产品的味道、材料、用量、火候以及搭配上下功夫。这就像做科学实验，最原始的食材、各类调味品通过增量和减量，以及不同的搭配，还有火候的变化，经过不断地实验才能有所创新，正因为不容易，所以很少有人去做。大家也都只关注外在的创新，因为外在创新花钱就行，而产品研发是需要花时间和精力的，在这个急功近利的社会，很少有人愿意花费时间和精力做这个事情，就算做也很少有人能坚持。

8.4　如何做好顾客管理

顾客管理，这是餐饮业缺失的一部分，而其他行业已经很普遍。尤其是火锅店，真正在做顾客管理的凤毛麟角，除了大品牌的连锁火锅店在做之外，很多火锅店要么没这个概念，要么没有去做，要么做了觉得没什么作用就放弃了。

8.4.1　为什么现在要做顾客管理

首先我们要明白什么叫顾客管理。顾名思义，顾客管理就是采取一切措施的管理、服务好你的顾客，获得他们对品牌、对火锅店的认识、信赖，产生多次、不断的消费，成为固定顾客和品牌传播者。而这个管理服务不能仅仅停留在服务的当前，而应是服务前、服务中、服务后这3个阶段；顾客管理的内容，是顾客就餐前对店面印象的铺垫、就餐中良好的体验、就餐后服务的延续和印象的加固。

我们为什么要做顾客管理？因为现在很多顾客都形成了一种被动接受和被动消费的理念，这叫消费惰性，是人的一种生活习惯的养成。现在越来越多的人有消费惰性，虽然主观消费、个性消费越来越多，但他们在做选择的时候往往有一种惰性心理。因此，我们需要管理好顾客的消费选择、消费欲望、消费决定。现在的消费者的激情消费、瞬间消费、情绪化消费、即兴消费占比非常重，所谓理性消费早已经慢慢消退。很多时候消费者并不具有计划性，尤其在餐饮业，随机消费的情况特别多。所以，我们做顾客管理就是为了促进他们的这些消费，从而使火锅店获得更多的效益。

另外一个目的是利用好顾客做好多次的宣传。现在是互联网社交发展成熟的时期，人们大部分时间都在网上通过各种社交软件进行沟通，互联网改变了整个世界，人人都可以通过各种渠道让别人知道他是做什么的，他在做什么，他喜欢做什么。人们通过互联网形成了很复杂的"蜘蛛网"，一个人与一个人，一群人与一个人，一个人与一群人，一群人与一群人，都能相互影响，形成很大程度的连接。所以，顾客起到的宣传作用很重要，管理好顾客的目的就是让他们宣传火锅店。

8.4.2　管理的顾客从哪里来

一般我们要管理的顾客首先是在店内消费的顾客，我们首先要把这些顾客引导到一个平台上统一进行管理，所以说，管理的顾客是引导过来的；其次是没有消费、但已经看到广告的顾客，还有网络平台上的顾客。让这些顾客通过扫描二维码进入一个群或火锅店搭建的其他平台，从而方便火锅店进行管理。

1. 店内消费者的引导

包括服务员在就餐前后引导顾客扫描二维码，收银员引导顾客在付款时扫描二维码，利用微信打印机免费打印相片引导顾客扫描二维码，利用菜单设计引导顾客扫描二维码等全方位引导。

二维码背后可以是微信管理平台，也可以是客户管理软件。重点是设置好吸引关注的东西，比如打折券、优惠券等，给顾客提供一个不能拒绝的理由。

2. 店外宣传的引导

对外宣传有很多种方式，例如发传单、张贴海报、做活动、添加微信附近的人等，不管哪种方式都要有顾客引导机制，让顾客愿意关注我们的平台。一般情况下没有消费的顾客关注的概率肯定没有来店内消费的顾客高，但是也需要大量地去做这类工作。很多时候传单发出去保留下来的很少，如果引导他们直接关注火锅店的平台，获得他们的其他联系方式，这就有了进行二次营销宣传的机会。因此，尽量让顾客留下他们的多种联系方式，或者加入我们的平台。

这是需要长期进行的工作，也是火锅店宣传的一个痛点，店外宣传工作的重点在于做好内容的策划，扩大品牌的影响力，培养操作人员的专业素养。

3. 网络平台获取

可以通过一些社区论坛、附近的群以及网上的外卖、团购类平台收集顾客的信息，然后将这些信息加入我们自己的平台里面。获取这些信息，要么靠广告，要么靠人工寻找，最直接的就是广告。还可以通过软件合法获取一些信息；或者与其他餐馆进行数据共享，找一些倒闭的、停业的餐馆进行资源对接，把他们的会员信息和平时的资源接入你的平台。这些都是很有价值的数据。

有了这些数据，就有了顾客管理的基础。

8.4.3 利用微信公众号管理顾客

顾客管理的重点在于顾客管理的方便程度。有两个策略，一个是建立自己的独立平台，例如自己的论坛社区，或者自己独有的软件等；另一个是利用好微信平台，因为这是一个应用广泛的渠道，而且很容易操作管理。

微信管理分为微信公众号管理和微信社群管理。微信公众号管理的特点是更加正规、接入方便，可以进行二次营销，能通过文章、图片、活动、在线咨询等各种方式进行有效的宣传，而且方便顾客获得餐厅信息及活动信息。

> Tips：微信公众号的优点是内容更丰富，顾客黏度比较高；缺点是单向传送信息，顾客可以关注也可以不关注，没人愿意天天在一个营销型的微信公众号上获取信息。因此总体显得比较被动，需要用一些顾客喜闻乐见、感兴趣的内容来增加顾客黏度。

微信公众号很适合一些大火锅店进行专门的操作宣传。微信公众号管理的内容如下。

1. 文章书写

发布一些店内的产品、人物、故事、品牌、理念等图文内容，让顾客获得相关信息并产生信任感，从而塑造火锅店品牌形象。

2. 客服服务

解答顾客的疑问，满足顾客的一些需求，进行会员卡的充值管理。

3. 宣传服务

优惠券的发送，店面信息的发布。

通过以上内容管理，形成一个类似于论坛的聚集型公众号，顾客可以在里面相互留言交流，以达到聚拢顾客和培养人气的目的。

8.4.4 利用个人微信号管理顾客

个人微信号的特点是操作比较灵活、方便，可以随时进行沟通，顾客有任何问题能随时进行互动，也能及时地反映处理。个人微信号管理顾客采用的是微信社群的方式，把所有顾客都拉进群里面，然后在群里进行必要的顾客维护和营销宣传。

这样的管理更加主动，而且更直接、更有意义。建立的社群还可能产生"裂变"，例如一些熟客将他们的朋友拉进群，然后不断地扩散。

Tips：微信群的顾客管理，其实就是对顾客的营销。意见的收集、活动的互动，让顾客产生信赖感、好感，然后让他们熟悉火锅店、熟悉品牌、熟悉服务。有新的活动可以立刻发给他们，让他们产生消费念头。人的消费有时是一种临时的瞬间消费欲望，因此当群里的成员都相互认识后，有可能几个人一说，就来你店里吃饭。

下面我们重点说一下微信社群里的顾客管理。

1. 与顾客聊天

建立社群就是为了活跃气氛，让顾客有个沟通渠道，这种方式能极大地拉近与顾客的关系，获得他们更多的好感与信任。真正有效的顾客管理，其实就是没事聊聊天，拉拉家常，让他们对火锅店有更多的好感和认知，在情感上认同火锅店。

2. 发一些新活动通知

可以把店面的一些促销活动发送给他们，获得他们的支持，彼此之间熟悉后顾客也能主动地帮你宣传，如发送到朋友圈或者群发，这是信息管理。

3. 发一些好看的菜品图

平时发一些店面里的新推出的菜品，刺激他们的神经，让他们产生消费的念头和动力。

4.红包互动

红包最能调动大家的热情，所以可以通过发微信红包来活跃微信社群，调动他们的积极性，回馈老顾客。

5.群内活动策划

可以定期组织群内人员开展一些活动，例如周末的游玩、有趣的比赛、野炊等，增强顾客的黏性，这也是一种生活化的管理。

6.传递火锅店精神文化

平时在群里也可以进行食品安全信息、产品质量管理，以及火锅店精神文化的传递，让顾客知道火锅店的宗旨，获得他们更多认同。

这些管理方式的重点都是让顾客有个宣泄和交流的地方，增强互动性，形成固有的顾客管理。

顾客管理渠道示意图见图8-1。

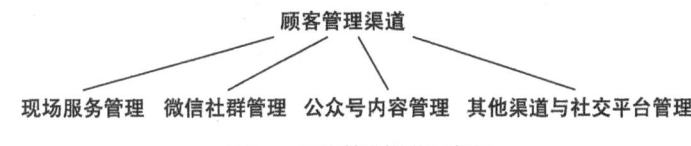

图8-1　顾客管理渠道示意图

顾客管理内容示意图见图8-2。

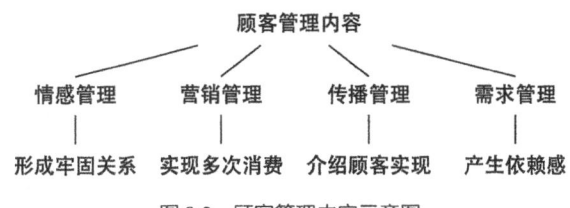

图8-2　顾客管理内容示意图

顾客管理分类示意图见图8-3。

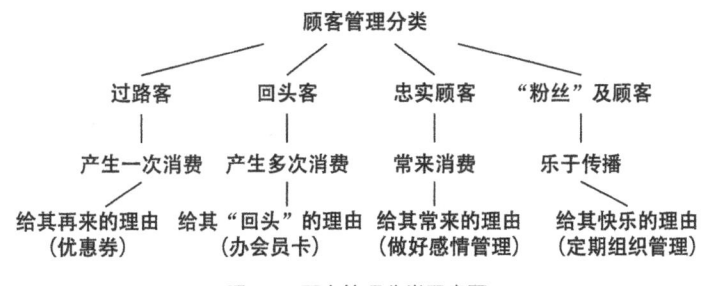

图8-3　顾客管理分类示意图

第 9 章

火锅店危机管理

现在，危机管理已经成为很多公司的重点管理项目，有些公司会单独成立危机管理部门进行日常和重点事件的危机管理。

作为火锅店，根据自己店面的规模来考虑是否应该专门设置危机管理部门，如果不需要，可以由经理、店长、后厨负责人等兼职成立危机应对小组。遇到问题有应急方案。有处理负责人，避免问题越来越大、越来越严重。处理危机必须抓住最佳时机。

Tips：危机管理是开火锅店必须面对的问题，在经营过程中免不了会出现各种各样的意外情况，良好的危机管理能让火锅店在遇到问题时安然度过。危机管理最重要的一点就是针对具体的问题采取具体的处理方法。

9.1 投诉处理

投诉是最为常见的问题，任何一家店面都会存在投诉，不要因为有投诉就紧张。其实，投诉有时候是顾客与餐厅沟通的最有效方式，处理得好不但不会有损失，有时候还会成为一次成功的危机处理事件而形成良好的口碑。

9.1.1 主动建立投诉通道

既然投诉无法避免，那么我们就要主动地为顾客建立起投诉通道。这样一方面体现出我们的服务完善、负责任，另一方面避免顾客通过我们无法把控的渠道进行投诉。我们可以开设电话投诉、网上投诉、店内投诉三大投诉渠道。

1. 电话投诉

投诉电话可以在就餐中和就餐后的一些票据和订单上面体现，也可以在店内直接展示，让顾客知道如果他们有任何问题或不满，可以通过打电话来投诉，让其放心就餐。电话投诉不仅可以避免面对面的尴尬，也能反映出店面真实存在的问题。

2. 网上投诉

网上投诉渠道可以在点餐平台或专门的店面公众号以及平台上展示。这样的投诉一般以语音或文字为主。另外，通过图片可以看到顾客反映的问题的真实性以及严重程度，从而充分掌握信息，以便我们做出更好的判断并采取更好的应对策略。

3. 店内现场投诉

这种面对面的投诉能更及时地解决问题，时效性更强，不像其他的投诉渠道会因为沟通的局限性而失去最佳的处理时机。店内的投诉处理在某种程度上也是对顾客的一种承诺的兑现，因此我们不要害怕或者反感现场反映问题的顾客，大方、正面地解决问题，更有利于聚集餐厅的人气。

Tips：三大投诉渠道各有优势，我们可以通过这3个渠道收集更多的顾客真实反馈，尤其是不好的反馈。这样一方面是对顾客的安抚和对问题的处理，另一方面也是对我们餐厅内部的一个审视，了解哪些环节没有做到位，下一步要怎么做，怎么杜绝此类事情的发生。

9.1.2　投诉处理方式

对于投诉，我们首先要敢于直接面对，不要回避，而后需要根据具体的情况来进行处理。处理投诉很大程度上也是解决顾客和餐厅矛盾的过程。顾客有顾客个人的认知，餐厅有餐厅的规定，分析清楚投诉的问题关键，进而寻求最恰当的解决方式。

顾客投诉问题大致可以归纳为以下 3 个方面：原则性的问题、顾客的理解偏差、顾客与服务员之间存在误会。

1. 原则性的问题

顾客投诉的问题确实是店内存在的问题，例如饭菜问题、错误收费问题、上错菜品问题、服务态度恶劣问题等。这类问题属于原则性问题，也是我们平时需要杜绝的问题。出现这样的问题，只能说明内部的管理还有很多的不足。

问题一旦核实，必须现场给顾客一个很明确的态度，让其满意，无论是赔偿、道歉还是替换，还是处理当时的负责人，都要有个明确的态度。我们处理投诉最根本的目的就是让顾客满意，拥有好的就餐体验，投诉问题如果处理得当，会传播出去形成好口碑。

在建立投诉处理方案时，必须分等级做好处理预案，把可能会出现的问题罗列出来。原则性的问题是最为重要的问题，应列为首位，其他问题找到对应的合适的处理方式即可。投诉处理方案需要让店内所有人员进行学习。

2. 顾客的理解偏差

有些投诉纠纷，是因为顾客对宣传广告理解错误而造成的。比如说打折优惠，可能餐厅的意思是部分菜品有打折优惠，顾客会以为是全部菜品有打折优惠，这样的理解偏差会引起顾客的反感，在说明情况后，大多数顾客会拿着单子说这上面就是这么说的。这样的情况很多，正确的处理方式是讲明情况，如果顾客仍旧说你欺诈或广告不明确，那就进一步进行解释，并且引导其到餐厅办公室或者门外僻静的地方，先安抚其情绪，而后给予其一定的追加优惠，让其满意为止。

Tips：类似这样的投诉，需要相关的处理人熟悉此类事情处理的方式方法，不要和顾客起冲突，也不要认为顾客是错的就据理力争，这样事情只会越闹越大。有些顾客虽然知道自己错了，但碍于面子会继续进行投诉，所以，我们要从人性角度考虑，给予其可以下的"台阶"。

3. 顾客与服务员之间存在误会

有些时候顾客投诉只是因为心情问题，认为服务员对自己爱答不理，而服务员认为自己很忙，并且也照顾到位了，像这样一些误会性质的投诉，相较于前两个来说更好处理。首先需要本着"顾客对"的原则进行处理，让服务人员向顾客道歉，而后再安抚。顾客的误解处处都存在，例如上餐慢了觉得受了怠慢立刻投诉等。对于这些投诉，餐厅处理人也不能反感顾客，而应耐心地解释，给予其心理上和情感上的满足，给予其一个情绪的发泄口。

还有一部分顾客，也存在恶意的无理取闹的情况，例如发现饭菜质量的小问题，立即索要赔偿，然后闹事。对于这类问题，不建议直接与顾客发生争执，而应报警或者找相关部门来公正处理。这类本身存在恶意的顾客，目的就是闹事，直接的争执会很影响店面生意，因此需要冷静地处理，例如他提出的赔偿等问题，先不要回绝，请相关部门处理，根据相关部门的处理意见进行赔偿即可。这样的冷静处理反而会让他觉得没有意思而产生不再纠缠的念头。

9.1.3 投诉处理流程的前3个步骤

做投诉处理流程，有条不紊、按照步骤处理一般都不会出错。对于相关的投诉，接待人员、处理人员按照等级分配好管理层级，例如什么事情服务员可以解决，什么时候需要投诉处理专员解决，什么事情需要经理解决，什么时候需要店长解决，什么事情需要危机管理组共同解决。按等级划分来处理能更好地提高效率。这是纵向流程，横向流程按照以下3点来处理。

1. 听

先倾听顾客的投诉内容，而且无论是电话还是当面，一定要认真倾听，把顾客的投诉当成头等大事来对待。这样顾客会感到自己遇到了一个很负责任的餐厅，他们在诉说过程中的不良情绪就会少很多。倾听时要及时回应，不要随意地打断对方的诉说，回应时要站在顾客的角度，表现出对问题的认真考虑和体谅的心情。不能表现出服务中采取的一贯高兴的姿态，否则顾客会觉得你在嘲笑他或者不重视这个投诉，从而引发更大的问题。

2. 问

听完顾客的诉说后，要适时地询问，进一步了解顾客的诉求，将他没讲明白的再问明白，将整个过程还原清楚。询问的目的有两个：听清楚事情到底是真的存在过错，还是理解错误，真实存在的过错是哪里的错、哪个环节的错，需要找当事人核实清楚；了解清楚顾客的诉求点，即事情已经发生，他想要什么样的处理结果。最后这一点尤为重要，因为顾客的投诉都是为了得到什么，不管是情绪上还是物质上等各方面，了解清楚顾客要求的补偿更偏向于哪种，这有利于我们做决定、做策略。对于原则性的、直接影响到餐厅声誉的问题还需要进行进一步的调查，以事实真相来消除不好的影响。

3. 说

了解清楚基本事实后，我们需要与顾客沟通并进行处理，此时"说"的技巧一定要把握好，不管事实是顾客错还是我们错，都要表现出是我们错，或者我们有错的态度。首先对投诉者表达感谢，感谢他的投诉，因为投诉也是一种意见表达；其次针对他的问题根据其情绪进行处理，如果顾客比较冷静，就可以直接解释清楚问题所在；如果口头解释不清楚，还可以现场操作示范。

Tips：如果是电话投诉或者其他渠道投诉，先对顾客表示理解，进行安抚，而后把我们的观点讲述清楚，根据情况进行处理。当时没法决定处理方法的，可以对顾客说："您的问题我们高度重视，需要协商一下再给您一个满意的答复，或者处理方式出来后我们再进行商议。"

说，是沟通的过程，也是试探顾客对处理满意程度的过程，要考虑怎么样处理顾客才会满意，而不会一味地索求。

如果顾客情绪不好，特别暴躁，这个时候可以先不解释，因为一般这时候顾客都听不进去，解释反而会引起更大的反感，觉得你不处理问题反而在找借口，因此经过听、问之后只需要告诉顾客："您反映的情况我们将上报给餐厅相关处理部门，核实好情况后给您处理，也麻烦您另择时间来店进行专门的处理。"安抚好顾客的情绪，再进行下一步的工作。

9.1.4 投诉处理流程的后 4 个步骤

针对当面投诉，需要冷静地将顾客所说的情况记录下来，平和地告诉顾客，我们已经记录在册，需要进一步的核实。不要与顾客有太过分的争执和面对面的争吵。

1. 找人

找餐厅当事人和相关的人员核实情况，弄清楚整个事情的过程，因为我们不能只听顾客的一面之词，必要时要将监控录像调出来察看真实情况。将所有的信息收集起来，再来综合分析，分析顾客都会有哪些证据，分析事情的严重程度。对于很清楚的、原则性的问题需要当机立断进行处理，不要耽误处理时间，处理的目的一是顾客满意，二是遏制影响，三是反思自己，四是再次获得顾客的好感。对于非原则性的问题、有误解的问题则在进行适当处理后，可以将其当作案例进行宣传。

2. 处理

如果是原则性问题，要赔礼道歉，该赔偿的赔偿，获得顾客谅解，并且将当事人带到顾客面前来处理，一是让顾客看到处理的结果，二是教育当事人不要再出现同类错误。如果双方矛盾太深，由调解人员安抚好，单独代表餐厅进行沟通。处理结果分为三种：第一种只给当事顾客看，让其满意；第二种是顾客和店员都要看，让店员明白以后不要犯错误；第三种是给顾客看，给店员看，让其他顾客也知晓，以获得好的口碑。

3. 上报

初步处理结束后，将结果上报餐厅总负责人，能在哪一级手里处理好的事情就止于哪一级；如果无法把控，一定要及时上报上一级进行处理。这需要将负责人提前规划清楚，责任到人。严重影响餐厅声誉的，需要上报公安机关处理，例如顾客无理取闹导致店面不能正常运营，这时候只要餐厅没什么过错，建议请相关机构来调查事情真相，给顾客和大众一个真相，避免造成餐厅口碑方面的重大损失。

4. 记录

将此事记录在案，作为将来处理类似事情的培训材料，让每个员工都能在做好服务的基础上，熟练掌握处理顾客投诉的方式。保留投诉人的信息，为赔偿道歉及后续事宜做准备。

投诉处理是根据具体事情来具体处理的，因此可以大致根据可能发生的事情做好预防，发生投诉后再根据处理情况进行完善。我们不要怕投诉，要利用好顾客的投诉来发现问题、处理问题，拉近顾客与餐厅的关系。

9.2 顾客纠纷处理

顾客在就餐过程中，可能会出现各种各样的纠纷，这些纠纷要么是直接与餐厅有关的，要么就是顾客之间的。解决纠纷需要较强的现场处理能力，不像投诉的处理有一些缓冲时间。因此，现场遇见的问题须要通过沟通、服务和查证来进行处理，将不良影响降到最小。

Tips：顾客纠纷会影响顾客利益、餐厅员工利益、餐厅利益。纠纷处理得当，则顾客、员工、餐厅三者都能得到妥善的结果；处理不好，会影响或损坏三方的利益，尤其餐厅可能损失更大。

9.2.1 打架

顾客之间或者顾客和餐厅员工打架，这是餐厅可能会出现的情况，而顾客之间打架较为常见。针对这两种情况，需要分别对待。

1. 顾客之间打架

顾客间打架，首先作为餐厅不要偏袒任何一方，而是应由负责人直接出面规劝，在事情发生之前，或者刚发生没有造成很大影响和损失时立马制止。如果事情超过了可控范围，马上报警处理，双方人员有受伤情况的还要积极配合警察处理。对于餐厅的经济损失以及之后的市场损失、名誉损失，能多追究的尽量在法律范围内多追究。

如果是小摩擦，应当问清缘由、及时规劝、安抚双方。例如，因占座位引起纠纷，可以为双方安排比较好的、离得比较远的地方；或者就餐过程中声音大吵到对方等纠纷，可以安排两桌人离得远一点。如果顾客不愿意，可人为隔离，例如每桌前各站一个服务员，挡住他们的视线，并对理亏的一方给予耐心的劝说和疏导。

调解的目的是让双方都将注意力放在就餐上，而不是对方身上。如果两方一直争执不下，可以请他们各自的好友劝离，或者餐厅人员将争执双方劝到门外进行协商处理，避免影响店内其他顾客用餐。

2. 顾客与餐厅员工打架

这样的情况一般不会在餐厅里发生，但是顾客作为食客来餐厅就餐，也可能因为某些问题和餐厅员工发生争吵，从而动手打架。如果出现这种情况，必须严肃处理，不管是谁先动手，一定要先安抚顾客，消除对餐厅造成的不利影响。

这样的事情我们需要立刻制止，先隔离双方，对双方情况进行检查，看是否受伤，有受伤的先进行救治，然后针对事由展开调查，搞清楚事情的来龙去脉。一方面安抚顾客，另一方面对顾客的损失进行弥补式赔偿，直到顾客满意为止，不要因为自己员工占理而再次与顾客起冲突。当顾客怒气冲冲、言语粗俗时，一定要冷静处理，尽量不要让对方去有关机构投诉，要把所有矛盾控制在店内。同时安抚好其他的顾客，并对店面的损失先做一个大体的估量。对于实在争执不下的情况，可以报警处理。

Tips：顾客打架处理原则——不能让顾客感觉有所偏袒，心理上要有提早准备。因为一般无论你如何处理顾客都会觉得错在餐厅，后期都会有很多不满的情绪，这也在所难免，只要当前处理到位，保持平常心，避免引起新的矛盾即可。

9.2.2　跌倒

顾客跌倒摔伤，一般都是餐厅的错误，因此一般的处理方式都是餐厅赔付，这样的情况很多，也无须纠结。我们只需要将可能会使顾客跌倒的因素提前消除，例如竖立提醒标牌、服务员引导等。

如遇到顾客跌倒，应该迅速察看顾客情况，扶起顾客，并安排就近坐下或者躺下，进一步询问并察看伤情，如有必要及时送最近的医院或者诊所进行救治。这种快速的处理是最好的方式。救治时店内人员陪同则更好，一方面顾客会感到受重视、服务好，另一方面根据医生的检查弄清楚问题的大小，也能避免了解事情不全面。

就餐前跌倒应立刻处理，就餐中跌倒则免除就餐费用，就餐后跌倒赔付就餐费，严重的给予医疗费用补偿。如果对以上情况的处理方式自己不熟悉，可以请律师安排处理，避免处理不当而对餐厅造成不良影响。

9.2.3　醉酒

顾客醉酒也是比较常见的情况，例如直接在饭桌前呕吐，或者很难站立，甚至直接睡倒。服务员应及时处理醉酒顾客所造成的混乱，避免影响其他顾客，并且协助顾客的朋友一起将顾客送到门口，或者安排其在相应的地方休息。

如果是独自醉酒的顾客，查找其有效的联系方式，与其家人、朋友联系，请他们接回顾客，并且付款结账。如果顾客既没有朋友，又无法清醒结账，可以安排其就医或者通过其他方式让其醒酒，然后询问联络亲人，安排付款。如果以上方法都不行，可先让其待在餐厅的某个地方，再想办法联络其家人或者报警。为避免其在店内发生其他意外而造成不必要的麻烦，安排的地方要处于监控范围内，让一切都有据可查。

对于顾客因为醉酒而造成的餐厅物品损坏，或者因影响其他顾客而造成的损失，需要登记核算好，并要求一定的赔偿。因为醉酒是顾客单方面的行为，餐厅没有任何责任，只需要处理得当即可。

Tips：醉酒顾客处理注意事项——禁止直接将顾客赶出餐厅或安排在餐厅外边；禁止在未联系到其他人的情况下私自扣押顾客物品，除非顾客允许；如果顾客醉酒未醒来，一边联系其亲戚朋友，一边帮助其醒酒，等待其醒来。

9.2.4 财物丢失

财物丢失一般是在店内被其他顾客或者员工拿走。这两种情况需要提前核实。

- 搞清楚顾客丢失了什么。
- 调取监控录像察看具体的情况。
- 收集顾客的投诉，根据他的描述情况初步弄清楚事情原委以及有可能发生的情况。
- 集合相关员工询问具体情况，如果有员工顺便拿走或者收起来，需要及时还给顾客，并告知原委，获得谅解。餐厅一般都有先保管顾客遗留物品的义务，如果员工恶意私自拿走，则要求员工当面向顾客道歉，赔偿损失。
- 如果确定丢失，需要配合报案，由警察来处理。如果顾客坚持要餐厅赔偿，餐厅只需要讲明白事由，全力配合警察，遵照警察判定的结果。物品的赔偿应该建立在真凭实据之上，在餐厅丢失财物，不能说与餐厅完全没关系，因此除了配合警方外，可以给予顾客一定的补偿。

除了以上处理方法外，最重要的是餐厅一定要设立提示牌来提醒顾客，并且服务员也要做好送客时的提醒工作。

9.2.5 偷餐具

对于餐厅里的一些餐具等，如果发现丢失，首先需要核实，不要立马就下结论。第一步，询问、寻找餐具等就餐设备，请顾客配合；第二步，观察顾客的反应，顾客如果着急离开，可以以餐具丢失为由，请顾客配合找回。

进一步核实后，如果有监控录像或者证人证实是顾客拿了餐具，这时候不要声张，可以请顾客到调解室或办公室等人少的地方进行交谈，让其交出餐具即可，如果其坚持说没有拿，可以报警处理；如果顾客承认，则在交出餐具的同时让其赔礼道歉，并对其进行教育。总之，不能纵容偷窃行为。

9.2.6 未付账就离开

如果顾客未付账就离开，需要立刻想办法联系顾客；如果顾客刚离开座位，或者刚走出门口，需要立刻拦截并说明情况："先生您还没有付款，请您先付账，谢谢！"

如果是故意想逃单的顾客，一是阻拦其走远，二是与其沟通；如果顾客已经走远，尽量查询一些顾客信息进行联系。

如果是一群人，要向其他人说明缘由，让其他人规劝他付账，或者由其他人代付。

面对这样的情况，要分清楚他们是故意逃单，还是确实忘记。无论哪种情况，先客气地提醒，再根据对方的态度进行引导。确实忘记的人会很配合，逃单的人会找各种借口，例如上厕所，或者用手机支付等，需要专门有人来看着操作。两种情况都要客气面对，因为我们的目的是让其付账，尽量避免闹别扭、吵架等情况。

Tips：如果顾客未带现金，可让其刷卡支付、移动扫码支付；如果这两种方式也不行，可找员工陪去附近取款机取钱支付；如果顾客实在没有钱，可以打电话找其亲朋好友代付。

9.2.7 损坏餐厅物品

顾客损坏餐厅物品时，需要按照规定赔偿。服务员遇到这样的情况时，先客气地对顾客说明情况，获得顾客的认可，从而获得赔偿。不要因为顾客毁坏物品而对其态度恶劣，进而引发顾客不满。

顾客赔偿后，按照"服务至上"的原则，可以赠送顾客一些小礼品，获得顾客的认可，欢迎顾客的下次光临。不能因为损坏东西而造成顾客不愿意再来或者不好意思再来的局面。

如果顾客对损坏物品有异议，需要请当事人、证人以及餐厅服务人员共同来核实情况。如果顾客不承认，可通过监控录像或其他证据进一步核实处理。如果顾客对处理方式不满意，应平和地告知顾客可以通过向消协投诉或法律援助来解决问题，无须因为这些问题与顾客吵架。

如果顾客情绪激动，可以先安抚，让其平静后再处理问题。估算一下损坏的物品的价值，如果太过昂贵就按规定赔偿；如果不算昂贵，可以依照情况免除赔偿，这个需要灵活处理。例如顾客损坏了一个很小的牙签盒，本身价值不高，就没必要紧追不放，以免造成很难堪的局面。免除顾客赔偿后可请顾客多介绍朋友来光临本店，或者多给予好评传播。

9.2.8　对账单有异议

如果顾客对账单有异议，需要及时与顾客核对账单。如果是账单有错误，就向顾客道歉；如果确实没有任何问题，可以先向顾客说明，然后让其付款。

账单异议分为以下两种情况。

1. 账单出错

账单出错时，要对点菜单以及实际上的菜进行核实。如果是账单出错，或者因为顾客并没有点的菜而出错，餐厅必须承担损失，并向顾客道歉。

2. 顾客自己算错

顾客自己算错可能有 3 种情况：顾客自己看错了价格、自己点的菜忘了、将菜对错号了（把 A 菜以为是 B 菜）。遇见这样的问题，需要耐心仔细地核对，并向顾客说明原因，大多数顾客都能理解，也会愿意配合。

注意出现这样的情况时一定要耐心地进行核对，不要不耐烦或以为顾客故意找事而态度恶劣，最终的目的是让顾客付账。

9.2.9　饭菜中有异物

如果顾客就餐时发现锅底或菜品中有异物，可以首先保留原汤底和菜品，并拍照和视频存档，然后搞清楚异物是什么东西，并且迅速询问顾客有什么不舒服，判断有没有对其造成健康方面的影响。如果顾客反应强烈，但并没有造成身体伤害，先想办法安抚顾客情绪，讲明白此异物出现的原因。吃到异物对顾客来说肯定是心理和身体都非常不舒服，服务员要赶紧递上漱口水、毛巾等，缓和气氛，并且道歉。彻底检查后给予顾客一个说法，并且赔偿其损失。如果问题不大，可以迅速更换新的菜品或者锅底，而后迅速查明异物是如何出现的，以杜绝这种情况再次发生。

如果异物并不是其他外来物，而是菜品或者汤底的配料，可以向顾客解释清楚；如果顾客不相信，可以引导顾客去操作区域让操作人员为其进行操作讲解，打消顾客的疑虑。

9.2.10　口味问题

顾客对口味提出质疑，首先不要急于反驳，听清楚他的阐述，然后进行处理。

1. 麻辣锅底不太辣

加大辣度即可，并且讲明白是口味问题。这种情况一方面可以称赞顾客很能吃辣，另一方面可以为其更换汤底，或者进行再加工。

Tips：有些顾客觉得菜品涮在锅里似乎不新鲜了，吃起来味道不对，怀疑是坏掉的或过期的菜品。首先我们要确定问题所在，如果是食材本身的煮法问题，应当讲清楚什么时候下菜，煮到什么时间正好等。如果顾客不相信，可以带顾客察看食材原来的模样，再让厨师现场操作，请其品尝。

2. 菜品口感问题

对于一些牛肉卷、羊肉卷，顾客会觉得不是真的，如果肉卷本身没问题，可以给顾客从肉卷的来源到肉质进行专业的介绍。

有时候顾客对食材性状和味道有疑问，例如："这个鱼好像都臭了，不新鲜，怎么有一股味道。"服务人员应第一时间向厨师反映情况，可以让厨师来察看解释。如果鱼确实有问题，必须为顾客更换；如果没有，可以给顾客解释清楚为什么会出现这样的情况，如室内温度高，顾客放置时间过长，或者腌制过程中的用料等问题，并给予更换。

口味问题只要不是餐厅方面的制作烹饪和食材导致的均可以给予解释，让顾客了解事情原委，产生认同感。

9.2.11　烫伤烧伤

烫伤烧伤是大事情，在顾客就餐前就需要提醒，就餐中也尽量不要让其操作危险的餐具。如果出现烫伤烧伤，第一时间联系医院，立刻进行救治，而后再根据情况进行相应处理。不管是顾客自己操作还是餐厅人员操作导致的烫伤烧伤，一般更多的是火锅店的责任，有保险的餐厅请保险公司衡量经济赔偿，无保险的餐厅可以自己评估并根据医院就诊费进行协商赔偿。

除了进行顾客的安抚和经济上的协商赔偿，对其他顾客也要做好服务，防止引起不好的舆论传播。

遇到这种情况时，餐厅人员需要分两拨人处理，一拨人处理当事人情况，另一拨人做好现场其他顾客的服务，并向他们再次强调安全问题，以免再次发生伤害。

9.2.12　弄脏衣服

顾客弄脏衣服必须想办法为其进行初步清理，尽量不影响顾客的就餐。我们建议提前提醒顾客做好衣物防护。

1. 服务人员不小心弄脏顾客衣服

需要立刻用毛巾进行初步处理，如果脏面较大，可以为顾客带来替换衣服，并对脏衣服进行清洗。店内如果没有这方面的条件，或者顾客不同意这样处理，可以征求顾客意见，为其免单、减少费用，或者赠送菜品。如果顾客坚持要赔偿衣服，可以根据情况先安抚顾客情绪，再进行沟通，商议赔偿。

2. 顾客自己不小心弄脏衣服

协助顾客清理，并送上餐巾防止再一次弄脏衣服。询问顾客需要什么帮助，例如顾客要求进一步清理，可以帮助顾客送附近的洗衣店；如果没有，做一些力所能及的服务，以体现餐厅的良好服务。

一般顾客弄脏衣服是小问题，顾客不会太在意，但是餐厅服务人员需要及时协助清理，更好地体现餐厅服务的质量。

9.2.13　小孩吵闹

就餐时难免有小孩吵闹，影响其他顾客的就餐体验，这时我们需要协助顾客照顾好小孩，给小孩一些玩具。如果有小孩不舒服，可以适当地安排他们休息，或者协助顾客送医。

Tips：小孩吵闹会让其他顾客烦躁，因此我们也需要安抚好其他的顾客，向他们解释，请他们谅解。同时规劝带小孩的顾客照顾好小孩，不要让小孩乱跑和叫嚷，注意安全。

1. 安排专门的小孩座椅

让其坐得舒服，并且可以给他们一些玩具，让小孩转移注意力。

2. 安排专门的小孩游乐场所

这样小孩会在专门的地方玩耍，不会影响其他顾客。

3. 根据小孩年龄进行不同的处理

遇到小孩吵闹，年龄大点的可以直接与其沟通，年龄小点的与其父母进行适当的沟通，语言要恰当，不能让对方觉得你责怪他们。

Tips：因为孩子吵闹起争执需要及时地劝解，迅速安抚双方，不要用责怪的语气和方式与双方沟通，而是表示都能理解。向被吵闹到的顾客说餐厅会处理好，让他放心愉悦地用餐；向有孩子的一方说希望不要在意，把孩子照顾好，与孩子一起愉快地用餐也很难得，希望不要因为小事情而置气。这样的劝解双方都会谅解。如果有一方还是不满意，可以帮助他们调换桌椅，离得远一些。

9.2.14 宠物进店

有些顾客会带宠物进店，一般的火锅店都是禁止宠物进店的，因此要把提示标牌做清楚，从源头杜绝。如果可以接受宠物进店，可以设置专门的宠物安置地，请顾客进店后把宠物安排妥当。

喜欢宠物的人越来越多，但反感的人也不在少数，尤其是就餐期间。所以尽量杜绝宠物进店的现象。

1. 顾客执意带宠物

如果顾客不听劝解将宠物带进店内，除了将宠物安置到专门的地方外，要单独为他们安排座位，与其他顾客隔离开来，以免引起其他顾客反感或惊扰到其他顾客。

2. 就近宠物点安排

可为顾客的宠物联系附近的宠物点进行安置，等顾客吃完再领走，也让宠物有专业的接待。

3. 顾客在店内为宠物投食

对这种情况需要及时制止，因为在餐厅内对宠物投食会使地面脏乱，而且宠物为了食物会乱窜，引发不必要的骚乱，甚至会造成破坏。

4. 顾客用店内餐具为宠物喂食

为了所有顾客的安全和健康着想，坚决不允许这样的情况发生，必要时可要求赔偿餐具。

9.2.15 上餐慢

顾客因为上餐慢而投诉或者产生不满，首先是因为餐厅前期工作没做好。

如果能提前告知、提前安排、关注顾客、催促菜品、加强衔接、加强效率，一般就没什么问题。

1. 提前告知

菜品如果是现加工的，需要提前告知顾客，因为顾客在不知情的情况下肯定会嫌弃上餐慢。现切或者新鲜配制需要耗费一些时间，我们安排两种解决方法：一种是让顾客看到你的操作，如同我们常见的名厨档口操作方式；另一种是告知顾客可能需要等待一段时间，告诉他们现加工的菜品口感更好。

2. 提前安排

如果顾客已经等了一段时间，服务人员需要主动地催促上菜，并且让顾客知道你在催促。将处理好的食材优先给予等待时间更长的顾客。

3. 关注顾客

不要让顾客干等，需要时刻关注顾客等餐期间的状态，加强等餐期间的服务，例如打开视频电视，或者给其一些桌面小游戏等，让顾客明白你知道他们在等餐。

4. 催促菜品

催促加工和上菜，让相关人员提高操作速度。

5. 加强衔接

很多火锅店出餐慢在于衔接不当，有些菜品出来了，传菜员优先传给离他最近的顾客，从而造成有的顾客的菜品迟迟不上。

6. 加强效率

效率是金，顾客最讨厌等待，因此餐厅的各个环节需要不断地提高效率。可以据此让顾客进行评价和考核，提高上餐效率。

> Tips：上餐时可以先上不用加工的菜品，让顾客先食用，不必等待；把一些需要临时加工的放在后面上。这样的顺序安排也非常重要。

对于等了很长时间的顾客，给予相应的补偿优惠，以安抚顾客情绪，缓解或者消除顾客的不满，增加顾客再次来就餐的可能性。

9.2.16 上错菜

上错菜的问题需要根据原因来快速处理。

1. 顾客点错菜

顾客点错菜导致上错菜。首先与顾客核实，如果是顾客自己点菜时选择错误，大多数顾客都能理解。如果有一些难缠的顾客，明显是自己的错误，却表现出不乐意、不高兴，服务员需要安抚其情绪，然后根据情况赠送果盘来调整其情绪。

2. 服务员记录错误

服务员记录错误时，如果顾客的菜还没吃，可以撤换下来；如果已经吃了，顾客也不认，可以就此菜品免单或者优惠，并扣除服务员的相应奖金。只要是餐厅一方的错误，就需要迅速核实迅速解决，将顾客点的菜品上齐全，并且向顾客道歉。

3. 服务员上错

服务员将 A 桌的菜给了 B 桌，这样的错误需要同时给两桌顾客道歉，并迅速补充完善菜品。如果顾客还未用餐，可以随时替换；如果菜品已经端上桌，切记不要替换，而是将两盘菜都端回去，再重新给顾客上菜；如果两桌顾客都已经吃了，那就向他们道歉，并在结算的时候按照实际吃到的菜品结算。如果顾客认为价格比自己点的菜品贵，可以适当地进行补偿或者按照原本的菜品进行核算。

上错菜品的情况每个餐厅都会出现，但是必须杜绝餐厅方的错误，必须对服务员培训到位，设立相应的奖惩制度。

顾客在就餐过程中还可能会发生其他的事情，需要我们临时进行处理，因此这些都需要平时培训到位。无论哪种问题，都是服务的问题，归根结底需要培养好餐厅人员的服务意识以及处理事情的应变能力。

9.3 负面消息处理

负面消息，是指投诉没有通过内部渠道解决，而顾客因为对结果不满意而将事件发布到了网上，或者是因为一些媒体报道对餐厅造成很严重的负面影响。在发生这样的事情时，需要根据其严重程度来衡量处理的时机和方式。

一般负面消息分为以下 3 类。

9.3.1 卫生状况糟糕

这一类问题也是我们经常看到的。如果发生这样的事情，先评估一下事情源头，是在哪里发生的，现在影响有多大，做到心里有数，再结合实际情况有序处理。

可以联系媒体，了解媒体的真实看法，主动找发布消息的媒体进行沟通，把事实沟通到位。每一家餐厅出现这样的事情首先肯定要自查，如果问题真实存在，就需要诚恳地道歉，没必要遮掩。

例如某餐厅被曝光后厨操作台上有老鼠屎一样的东西。经过查实，那不是老鼠屎，是操作员工把调料撒在了上面，形状看起来像老鼠屎。但是这样的解释一般网友们还是不会相信，因此可以配合原物品的实物图进行详细说明。

如果确实是老鼠屎，那必须进行诚恳道歉，出现这种情况，估计以后也很少有人来餐厅吃饭了。那么为什么会出现这样的情况呢？要给顾客讲清楚事情的来龙去脉，并且给出一个态度和承诺，让广大网友监督，将餐厅后厨改建为透明窗口。然后找记者继续报道，并且邀请网友和食客前来参观、品尝、验收，如果一致评价通过，餐厅可以重新正常营业。整个参观、品尝、验收的过程可以通过网络直播，最大程度地消除负面影响。

如果网友还有不相信的地方，可以请第三方机构进行各方面核查，并出具书面文件作为凭证。

Tips：要根据具体情况来处理负面事件，删除负面的信息只是一种基本手段，真正需要的是直面媒体、直面网友，勇于承认错误，不找借口；不是自己的错误的一定要解释清楚，让网友明白这是个误会。

例如有些报道拍摄到的操作间乱七八糟、黑乎乎一片，但具体了解后才知道，那是餐厅废弃不用的地方，而网友又不了解，对于这种情况餐厅只能积极配合媒体进行澄清。

信息的传播一般是从源头传出来，然后在某个平台被放大引起关注，而我们在做危机公关时必须选择一些有影响力的媒体，以及扩大事件的媒体。不管媒体如何，我们需要通过媒体去表明态度，道歉也好，澄清误解也好，都需要与媒体配合，不要因为负面报道就与媒体"水火不相容"。媒体也需要真相，也需要有第一手的资料，而我们的配合及公关恰恰是最好的方式。

另外还需要面对的是政府有关部门的检查，严格按照流程，配合有关部门做好调查。也可以请教调查人员应如何做，并按照指令操作。

9.3.2 食品安全问题

食品安全问题非常重要，如果出现食品质量不合格的问题，例如检测不合格、渠道不合格等一系列问题，要从食材采购环节开始检查，看有没有从非正规渠道进货。如果一切环节都正规，那么出现这样的问题就需要紧急联系供货商，了解情况，并主动地配合有关部门调查，适时向外界通报情况。

1. 供货渠道问题

餐厅可以把具体情况讲清楚，表明态度，严查采购渠道和来源，不再接受违规供货商提供的任何物品，并追究造成的损失。同时告知广大网友如果出现不良问题可及时通知餐厅，联合追究供货商责任。

Tips：处理食品安全问题要先思考几个问题，即你能承担什么责任，能承担得起什么责任，应该怎么承担责任。这些都是你需要向外界表明的态度。

2. 食品加工问题

例如炒制的底料里面有违规物品，这完全是餐厅的责任，餐厅必须承担所有的损失。将所有的责任追究到个人，是老板原因的关店，是厨师原因的开除、罚款并道歉，是管理者原因的开除相关人员，并追究相应责任。

在事实面前，不能推卸责任，要根据个人能力进行妥善处理，通过处理来表明事实和态度。

9.3.3 人事制度矛盾

对餐厅内部矛盾的揭露，会影响到餐厅人才的招聘以及运营，这也是餐厅的一个负面消息。对于这样的报道，餐厅根据具体情况进行声明即可。

例如某些论坛会出现一些帖子，以内部员工的名义揭露某餐厅内部的不合理之处，控诉餐厅的各种不是。这样的帖子不同的人有不同的看法，大家也都是抱着好奇心去看。

这些帖子一旦对餐厅造成影响，就必须正面回应，对里面牵扯到的有损餐厅形象的部分进行重点回应，一一解释到位，并通过微博或者其他媒体平台进行声明。如果里面有大量的不符合事实的描述，可以提交给律师处理。

每个餐厅都会遇到类似的问题，内部管理不能一蹴而就，需要根据具体问题慢慢改进、磨合，每个餐厅所面对的情况不同，因此问题也有不同之处。员工有不满意或不认同的地方也很正常，针对这种情况，一方面寻求内部解决方法，另一方面消除外部影响。

这些帖子主要对内部员工影响较大，因此除了外部声明外，内部需要采取开会、征询意见等方式，加强与员工的沟通，征求他们的意见来完善相关制度，杜绝此类事情的再次发生，并且获得大家的认同。

9.3.4 声明书写

声明是一种对外的统一的情况告知，有很重要的作用。起草一个合乎规则的声明很重要，否则会起到反面作用。整个声明中包含了餐厅对此事的态度，对网友疑问的解释，以及对此事的处理情况等内容。

我们仍然以"餐厅发现老鼠屎"为例写一份声明范例，以供参考。

 举例

××餐厅声明

尊敬的各位顾客和网友：

针对近期我餐厅发生的"后厨出现老鼠屎"事件，特发此声明。经查实，此事属于"乌龙"事件，网上所流传的图片里的所谓"老鼠屎"其实是我们的调料××。无论如何，我餐厅面向社会各界道歉，是我们没有将工作做到位，导致调料撒落在工作台上，也没有及时向顾客解释清楚。

这件事情对我们是一种监督和督促，促使我们把工作做得更加细致、完善，本餐厅决定从今日起做到以下几点。

1. 对厨房进行全方位整改，将各品类归纳清楚，将卫生要求严格执行到位，做好消毒工作和安全用餐的保障，一如既往地以保障广大顾客就餐健康为己任。

2. 为了消除大家的疑问，我们请有关部门对调料照片进行验证，证明材料同时向大家公布。

3. 全方位做好餐厅管理。虽然这件事是"乌龙"事件，但对我们也有启示意义，督促我们做得更好。

4. 邀请广大顾客来本餐厅参观，监督各项工作。

最后，感谢媒体朋友以真诚的事实报道此事，也感谢广大顾客对我们的宽容。我们对有损顾客健康的所有行为都是"零"容忍的态度。

感谢大家！

××餐厅

××年××月××日

Tips：声明要求：语气真诚、表达清楚，对问题不要强行解释，勇于承认事实。如果属于"乌龙"事件，要拿出真凭实据向公众介绍说明，同时态度正确，有错即改，还要感谢发现错误的人。

我们写声明的目的就是给公众一个交代，不能仅以过去的文书式的方式来进行声明，而是要更加诚实、有担当地进行声明，不能引起公众的反感，也不能影响到店内员工的工作情绪。

第 10 章

火锅外卖服务

　　火锅外卖是可以考虑的一种途径和方式。整个餐饮业都开始拓展外卖服务，只是火锅这个品类的产品特性，使做外卖有一定的难度。这几年火锅行业的发展说明了一切，其他餐饮店越来越小，依赖外卖的现象越来越严重，而火锅并未受到很大影响，而且大多数店面生意都不错。因为火锅本身具有休闲、聚餐、商务等社交属性，因此大家需要到实体店面对面一起吃火锅。不可能一切都通过网络解决。但不可避免地有些人懒得出去吃，又懒得在家准备菜品，这就需要火锅外卖。

　　Tips：火锅也可以考虑做外卖，满足一些不愿意出门、自己又懒得动手的人。在家吃火锅首先自己要采购菜品、采购底料，准备食材切配，吃完后要洗碗清理，但吃火锅产生的餐厨垃圾都是很难处理的。火锅外卖可以解决这一类问题。

10.1　外卖的形式

火锅外卖的形式是需要重点规划的，因为火锅产品不像其他的餐饮方便携带、方便配送，往往配送的成本很高，而顾客不满意，餐厅也没利润。因此，外卖形式就是需要重点考虑的部分。

一般来说，火锅外卖可以有 3 种形式：菜品做熟后外卖、自发热火锅外卖、整套火锅外卖。

10.1.1　菜品做熟后外卖

这种形式有点像麻辣烫，脱离了火锅的传统吃法。这是最早的一种火锅外卖方式，因为全盘进行外卖递送，还需要回收锅具，不回收则成本高，配送费用高、顾客付费较多，难以发挥外卖简单、省事、物美价廉的优点。

在这种条件限制下，直接用底料把菜煮好打包似乎是唯一的选择方式。送到后顾客可以在家再一次加热。

这种外卖形式容易失去吃火锅的乐趣，但却是火锅外卖最简单的一种形式。

10.1.2　自发热火锅外卖

这种专门为外卖设计的火锅，最大优势就是解决了配送不方便的问题，所有的东西都是一次性的，包括锅具。自发热火锅就是用自发热的设备代替火锅锅具，体积小，直接加水、放底料即可开煮。

这种火锅简单方便，但缺少吃火锅的氛围和乐趣，而且没有用火和电煮出来的那种味道好。这种火锅达到了外卖的必要条件，简单省事，可通过外卖平台销售或者零售。

10.1.3　整套火锅外卖

这种是正宗的火锅外卖，就是将火锅整套配送，包括锅具、底料、菜品。顾客只需要在家打开、点火或插上电煮即可，节省了买菜、备菜、买底料的时间。这种外卖的定价可以高一些，连同锅具全部递送给顾客。但也可以后期将锅具收回，毕竟顾客也不可能点一次外卖就买一套锅具。

还有一种是除了锅具之外都配送齐全，包括菜品、底料、蘸料等，顾客只需要将底料放入锅里，加水煮开即可。这与前者的区别在于一个有锅具、一个没有，价格稍便宜一些。

整体来说，火锅外卖的难点在于价格和方便性二者很难平衡。如果所有的服务到位，但定价过高，顾客宁愿自己在家准备；如果配送的只是一部分东西，反而不方便，顾客也更愿意自己在家准备。

Tips：火锅的属性与其他餐饮不同，这也就是其他的餐饮实体店生意没有火锅店好但是外卖占比高，而火锅店外卖占比很低的原因。

10.2 外卖的流程

火锅外卖建议以火锅店经营为核心去做，不建议单独设立专门的部门，可以作为火锅店的周边服务额外进行，除非能完全解决自煮锅具的问题。

10.2.1 设立流程

外卖服务需要按照步骤操作，从原材料筹备、初步加工，到打包、配送，整个一系列操作都需要完整的流程。每一个步骤都需要考虑完善，提高效率，因为外卖讲求的就是效率。火锅外卖准备起来比其他类型的餐饮更烦琐，花费的时间可能更多一些。

1. 原材料筹备流程

外卖原材料的筹备与火锅店里的原材料筹备不同：一是切配方式不同，外卖以简便、容易打包为主要要求，另一个是定价不同原材料数量也有不同。外卖的不同的食材有时候需要不同的储存包装，例如一些冷冻食品和新鲜蔬菜均有不同的储存方式，有些需要加冰块，有些不需要。另外，包装的美观设计也是一方面，需要根据店面风格，形成自己的独特风格，增强辨识度。

2. 初步加工流程

菜品的初步加工、食材的初步加工、底料的初步加工、蘸料的初步加工，这些工作都要提前做好。除了以上工作，其他的可以根据顾客需求进行处理，如需要临时加工的临时再处理。初步加工这些材料，主要是考虑到打包以及配送的便捷性，便于储存，便于顾客食用，有些全生，有些做到半熟，有些需要全熟。

3. 打包流程

先打包哪些，后打包哪些，配送时的包装顺序，用什么整体包装配送才合适也得考虑到位。如果打包的顺序不对，有可能造成食材之间相互挤压或者食材损坏。

专职人员查看客户下单信息，根据客户要求打包好，并核对数量和品类，确认后交由配送员进行配送。

4. 平台建设

主要是外卖平台的建设。外卖平台有三大类：通过订餐电话获取订单；利用微信等社交媒体订餐系统获取订单；利用外卖平台获取订单。前两种是自己配送，而外卖平台可以利用专职外卖人员配送。自己配送需要配置人员以及配送设备，成本可能更高，需要根据配送的范围来做调整；而外卖平台可能更成熟，配送范围更大，二者各有优劣。

10.2.2 配送流程

外卖配送的方式也有很多。如果由店员配送，就需要考虑配送范围、配送方式，并根据这两点设置配送流程。

1. 配送范围

先设定好可配送范围，以节约成本，毕竟自己配送需要花费较多的人力、物力，所以确定好范围后，按照这个范围来确定最简约的流程。

Tips：例如，一般 5 千米范围内接受配送，那么在顾客下单后，将菜品、锅具等准备好，将材料打包到位，将地址电话信息核对清楚，出发前再打电话向顾客确认一遍，确认顾客在家后上门送到。而后帮助顾客安排好菜品和锅具以及汤底料，并且向顾客讲解操作的步骤、吃的方式和注意事项，最后对顾客表示感谢。如果需要回收锅具，也需要向顾客讲清楚，约定好时间上门取回。

如果配送范围过大，可以省略回收锅具这个步骤，因为过于麻烦，成本过高，并且可以考虑减少上门帮助操作的环节，以节约时间、提高效率。

2. 配送方式

如果由店员配送，那就需要让配送人员熟练掌握流程和操作步骤，并制订相应的操作标准和问题处理方案。

店面自己配送需要注意以下问题。

● 配送途中注意交通安全。行驶过程中安全第一，遇到交通管制或堵车灵活处理，但不可违反交通规则。

● 配送途中注意食物安全。谨防因挤压、碰撞等问题影响菜品品质。

● 上门操作时注意服务流程。先客气等候开门，经过允许后再进门；将菜品取出、摆放，帮助顾客进行简单加工；表达谢意，带走包装垃圾，致意再见。

● 配送问题处理。如菜品损坏，给予打折优惠或者重新派送；少送漏送，表达歉意，征求顾客意见，减少费用或者重新补送；配送太慢耽误顾客时间，表达歉意，讲明原因，获取谅解，并给予相应的优惠；退单不接受，需要根据顾客的原因，进一步核实，尽量让顾客接受，如果确实不愿意或者有事无法接受，可以给出一个合理的解决方案，例如放到别人那里，或者转赠给其他人，如果实在不行不要纠缠顾客，立刻带回即可；顾客修改了配送时间，要表现出对顾客的理解，不要有任何不满，按照顾客的意愿再次配送即可。无论哪种问题，及时将情况上报给店内负责人进行统一处理。

● 外卖平台的配送。外卖平台配送的流程相对比较简单，外卖员会把一切都做好。我们只需要做好外卖平台口碑宣传即可。维护平台口碑对于火锅店来说非常重要，与团购网站相同，都需要专门去维护。

Tips：外卖平台维护的重点是开始将服务做好，对于过程中出现的问题尽量解决在当下，出现负面或者不好的评价也一定要想办法回复，说清楚事由，平时多鼓励顾客给予好评。

10.3 外卖的菜品设置

火锅外卖的菜品设置很重要，这属于产品的策划。产品如何设置才便于顾客下单，又对顾客充满吸引力，这需要根据菜品和成本的情况来进行具体的设置。一般情况下菜品设置有两种模式。

10.3.1　套餐模式菜品设置

套餐模式是最简单的方式,当然也需要具体分类,例如单人套餐、双人套餐、4人套餐等,为不同的套餐定好价格,并确定好应该包含的菜品以及锅具。定价需要有吸引力,设置好外卖菜品和促销活动,外卖吸引力才会更强。"一送二免三打折",这是最为常见的方式。套餐的准备工作也要做好,可以提前准备好不同的套餐,有订单直接配送即可,少了临时准备的一个环节。

举例 双人套餐:鸳鸯锅底,毛肚、牛肉卷、青菜、特制豆皮、鸭肠、青笋、甜玉米,小料2份,99元套餐。

4人套餐:麻辣、三鲜、菌汤任意锅底,特制牛肉、新鲜大虾、香菇、鹌鹑蛋、猪脑花、毛血旺、燕饺、鱼味丸、水晶宽粉、啤酒、黄喉,小料4份,499元套餐。

6人套餐:锅底任选,牛蛙、鸭肠、澳洲肥牛、草原羔羊肉、千层肚、巴沙鱼片、冬瓜、青菜、金针菇、茼蒿、娃娃菜、脆皮肠、冻豆腐、魔芋、蟹味棒、特色小饼,小料6份,699元套餐。

顾客第一次购买均送锅具一副。

以上只是举例,不必照搬。

10.3.2　点餐模式菜品设置

顾客随机点餐,需要重新设置菜单,不能直接拿店内的点菜单,有些菜品在店内可以提供,但是配送比较麻烦,所以一定要简单、便捷,把顾客最常吃、最受欢迎的以及利润空间相对较大的菜品放进菜单。可以设置提示帮助顾客掌握菜量的,还可以通过促销活动鼓励顾客多点菜。

举例 麻辣锅底25元、三鲜锅底18元、菌汤锅底29元、番茄锅底22元、酸菜锅底25元;鲜美大虾99元、秦牛肉56元、草原羊羔肉49元、鸭血17元、广式腊肠19元、草原毛肚28元、培根18元、午餐肉18元、手打虾滑38元、亲亲肠15元、鱼豆腐15元、蟹肉棒15元、油豆皮10元、千叶豆腐12元、精品腐竹8元、香菇10元、莜麦菜10元、莲藕片8元、海带结12元、茼蒿10元等。

分类:锅底、蘸料,肉类、蔬菜类、特色类,优惠专区、活动专区,套餐系列、美味搭配,饮品等。

这两种模式中第一种模式最为便利，选择好模式就能确定配送流程，建议用最有效的、最适合店面具体情况的方式去做外卖服务。

10.4　外卖的包装策划

外卖相当于一种单独的零售，除去店面环境因素，完全就是单纯的食物、顾客和配送服务之间的关系。

Tips：店面所有的包装策划都需要体现在外卖服务上，在外卖包装上融入实体店的特色风格，不但能提升格调，增强吸引力，而且对于实体店也是很好的宣传。风格统一、卖点突出才能获得更多人青睐。

10.4.1　底料包装

底料包装可以根据店面风格设计，凸显餐厅特色和餐厅文化。例如，文艺风格的火锅店，可以设计成比较文艺的外包装；社交风格，可以在外包装上印制一些直入人心的文案，突出人文、社交这两个特点。无论如何设计，视觉效果是特别重要的。

举例 我们的底料包装的正面文案是：你不是寂寞的对手，何必强装忧愁，吃一顿火锅，想静静也好。背面是我们火锅店的标志、名称、底料信息表、吃法。材料上使用天然健康的牛皮纸，体现出纯天然、零添加的感觉。

10.4.2　菜品包装

顾客所点的菜品，需要用不同的容器包装，而这个容器也需要根据整体风格来设计，不管简单还是复杂，都要与火锅店的风格一致。顾客能从包装上判断出这份外卖的价值。将每一份菜包装好，给每个菜取个有趣的名字，更能吸引人。菜品包装一定要跟店面主体风格及品牌定位相符，这样才能促进品牌文化的传播。

举例 我们火锅店走可爱路线，所以给每个菜品取的名字都很可爱，如小料叫芝麻君，牛肉卷叫小妞卷卷肉，鱼肉叫嘟嘟嘴鱼，外包装上印有很可爱的卡通图像。

10.4.3 外卖整体包装

整体包装的设计也比较重要，可以是手提袋，可以是盒子，总之在设计上都需要下功夫，要让人看起来赏心悦目、有食欲，同时能起到良好的宣传作用。独特的包装设计不仅让人印象深刻，还会促使顾客自动自发宣传，再配合一些精美的小礼物，势必会形成很好的口碑。

外卖包装可以与店面风格相同，同样的风格使人感觉专业性更强，整体性更好，更有吸引力。

开好火锅店的"秘密"

我们讲了很多方法，说了很多策略，还讲解了必备的环节和流程，这就如同盖房先打地基，把地基夯实，店面才能开得长久，才有机会去做其他方面的创造性运营。这些规则开店的当事人可能不轻易或者不愿意说，但通过我们长期的总结会发现，一些规律是随着时代的发展而不断地发展和改变的，而有一些是从来不变的，但需要结合当下的环境做调整。

一家火锅店想要快速火爆，还想要做长久，那么可以从以下两方面把握。

店面管理的不断优化

这个优化就是针对不断变化的部分，例如随着成本的增加，随着就餐模式、顾客就餐习惯的变化，我们必须优化管理方式。随着互联网的发展，以前靠人管理的现在全靠计算机系统化管理，将来更是智能化管理。这个时候我们就需要改变店内的运营规则，把多余的环节砍掉，使环节更加顺畅。

整个餐厅的运营是为了盈利服务的，所有阻挡盈利的都是不好的，都应该进行优化，因此我们并不是为了看起来好而去改变规则，而是以结果为导向。餐厅经过多年的发展，模式一直在改变，并逐步演变成不求"大而全"，只求"小而美"的模式，满足目标顾客的需求，专心做好一种产品，维护好一方市场，提供更加个性化、差异化的服务。借助大数据进行智能化服务和产品升级也是火锅店未来的发展趋势。

1. 内部人员管理优化

做好自动化的人员系统，如设置薪酬、晋升、股权、情感等人员管理系统，招聘、优选、培养等用人系统，"PK"文化系统。在此基础上实行末位淘汰制，自动化地进行人员管理的优化。

2. 营销策略管理优化

哪些锅底应该打折，哪些菜品应该打折，如何打折，针对打折效果进行分析优化，撤销没有效果或者成本过高且没有带来相应价值的活动，并重新规划、着力运用有用的渠道、产品营销策略。

3. 产品管理优化

通过数据的统计分析，撤销不受欢迎的、利润低的菜品，将不吸引人的做得吸引人，打造王牌和"爆品"，让产品更加标准化。不要有多余生产线，统一运作，提高效率。

以上 3 个方面的管理是每个想要长久运营的火锅店都必须把控的环节。

"消费舆论场"的设置

"消费舆论场"可能很多人都没听过，或者听过却不明所以，但这恰恰也是开好火锅店的重要的一环。借助互联网，有很多"网红"店迅速崛起，但大多数都是昙花一现，并不长久，这是因为他们没有把握"消费舆论场"。

利用一个概念促成"消费舆论场"和通过解决餐饮"痛点"构建"消费舆论场"不是一个层次的能力。很多媒体人加入了餐饮业，他们特别擅长于前者，即策划包装一个概念，促成短期的"消费舆论场"，而新鲜期一过就立刻销声匿迹。

其实仔细分析现在市场上独领风骚的一些餐饮企业，我们会发现以下两点规律。

1. 寻找消费者"痛点"

一个餐饮店想要长期发展，势必要解决顾客所关心的问题和不满意的问题。海底捞火锅解决了之前餐饮服务质量差的问题，为顾客提供优质服务，而后构建了一个"消费舆论场"，成为顾客津津乐道的话题，形成了长久固有化的品牌传播。西贝解决了上餐慢、顾客等餐不耐烦这个"痛点"，形成了一个以"漏斗"为话题的"消费舆论场"，形成长久的品牌传播。

Tips："消费舆论场"首先需要找准顾客的"痛点"，并以彻底解决这个"痛点"为最重要目的，而不是像一般的"网红"店，只提出一个无法实现的概念，从外包装"生拉硬拽"制造已经解决"痛点"的假象，从而形成假的"消费舆论场"。

因此，我们开火锅店一定要思考如何通过改变自身来满足顾客的某个需求或者解决顾客特别关注的某个问题。解决或者满足一个就足够了，不用太多，但必须是真正的解决。巴奴火锅就从产品入手，"服务不是我们的特色，毛肚和菌汤才是"，用产品来解决一些餐厅注重外在不注重产品的"痛点"，制造出一个特别的差异化。仔细认真地想想，你会解决和能解决哪些"痛点"，这些才是我们做餐饮应该考虑的。

2. 为解决"痛点"构建"消费舆论场"

解决"痛点"就要彻底，不是一时的解决，而是长久的解决，这样就需要一个"消费舆论场"的支撑，这也是店面火爆的开始。当你解决了一个问题，提出一个口号，大家觉得确实解决了，然后慢慢就形成了舆论场，而你不断地用各种方式强调、体现，就加强了这个"消费舆论场"的建设，大家会开始主动地传播。"消费舆论场"满足传播的要素，存在一个让大家津津乐道的点，失去了这个点，就无法谈差异化、特点和传播，因为你没有足够的东西来带动顾客的情绪，而要长久带动顾客的情绪，就需要解决长久以来的问题，而并非一时的问题。

时至今日，我们谈论海底捞火锅是谈论什么？仍旧是"视顾客为亲人"式的服务，他们有任何的风吹草动都会成为舆论焦点。这些都是建立在其夯实的基础建设上的，这也是很多人学不会的原因：基础学习需要付出很大的代价，很多人付不起这个代价，尤其在现在这个快速发展的时代，很多人更没有耐心、魄力以及财力去消耗。"视顾客为亲人"式的服务恰恰就是这些坚实的基础建设所带来的结果。

开好一家火锅店，打造好基石、做好"内功"即可；但要开一家足够火爆的火锅店，还需要解决"痛点"，创造出一个奇特点，构建起一个"消费舆论场"。